Ein ABC
der Kinder- und
Jugendliteratur

von

Michael Sahr

Schneider Verlag Hohengehren

Umschlaggestaltung:

Wolfgang H. Ariwald, BDG, 59519 Möhnesee

Die Deutsche Bibliothek – CIP-Einheitsaufnahme

Sahr, Michael:

ABC der Kinder- und Jugendliteratur /
von Michael Sahr. –
Baltmannsweiler : Schneider-Verl. Hohengehren, 2001
   ISBN 3-89676-383-0

© Schneider Verlag Hohengehren, 2001.
   Printed in Germany – Druck: Wilhelm Jungmann Göppingen

Inhaltsverzeichnis

Ein ABC der Kinder- und Jugendliteratur

Danksagung

Ich danke den vielen Schülern und Studenten, den Kolleginnen und Kollegen aus Schule und Universität, den Freunden und Förderern, ohne deren Unterstützung und Mitarbeit ich dieses Buch nicht hätte schreiben können. Sie mögen verzeihen, wenn ich nicht alle mit Namen nennen kann.

Vor allem danke ich meiner lieben Frau Erika und meinen beiden Söhnen Oliver und Tobias, deren Fürsorge und Geduld, deren Verständnis für meine Arbeit und deren kritische Anregungen mir unentbehrliche Hilfen waren.

Regensburg, im Januar 2001

Wege in die Weglosigkeit –

ein Vorwort von Harald Grill

Bücher schreiben und lesen ist wie Wandern durch bekannte oder unbekannte Regionen. Schreiber wie Leser können dabei im besten Fall Entdeckungen in ihrer Umgebung machen und sich zugleich selbst kennenlernen. Vorausgesetzt, daß der Weg dazu verlockt, ihn weiter zu gehen oder ihn wieder und wieder neu zu gehen.

Michael Sahr ist ein Grenzwanderer in mehrfacher Hinsicht. Er kann etwas, was nur wenige Fachbuchautoren können. Seine Texte werden getragen von der Poesie seiner Einfälle und seiner Sprache. Er stellt seine eigene Begeisterung für die Literatur so behutsam und halb verdeckt in den Raum, daß Neugierde geweckt wird. Seine Fährten führen in Gegenden, in die so mancher ohne ihn nie gelangen würde. Er zeigt Wege auf in die Weglosigkeit – wohlgemerkt nicht in die Ausweglosigkeit, sondern Wege dorthin, wo man Lust bekommt, seinen eigenen Weg zu suchen, zu sichern und zu gehen.

Die Poesie, die in diesen essayistisch gefärbten Texten steckt, die der Autor hier zurückhaltend als „ABC der Kinder- und Jugendliteratur" vorlegt, ist ansteckend. Sie hilft mit, das Staunen über Altbekanntes neu zu lernen. Diese „Poesie im Arbeitskittel" bleibt den Dichtern und deren Werken, um welche die Texte kreisen, stets nah, ohne sie bloßzustellen. Sie besitzt einen spröden Charme, der sich wohltuend vom Pathos der Denkmalsverehrung einerseits und der Show der Enthüllung und Entzauberung auf der anderen Seite unterscheidet. So vermag er zu zeigen: Die Grenze zwischen Leben und Werk eines Autors ist da, aber sie trennt nicht, sie macht nur Zusammenhänge noch deutlicher.

Da wird schon eine dritte Grenze sichtbar, die der Autor mühelos hin und zurück überschreitet, diese künstliche Grenze irgendwo im Niemandsland zwischen der Kinderliteratur und der sogenannten hohen Literatur der Erwachsenen. Michael Sahr hat im Bereich der Kinder-Literatur-Didaktik im Laufe der Jahre eine gewisse Meisterschaft erreicht. Dabei setzt er sich selbst ganz entschieden und deutlich Grenzen: Zurückhaltung und Bescheidenheit prägen seine Arbeit – nicht wissenschaftliche Knalleffekte. Trotzdem oder gerade dadurch öffnet uns Michael Sahr den Weg zu den Gipfelkämmen. Wie gekonnt er uns dahin begleitet, bemerken wir daran, daß wir beim Abstieg nicht mehr den gleichen Weg mit ihm hinuntersteigen müssen, sondern eine große Auswahl an eigenen Rückwegen in die Ebene des Alltagslebens haben. Weite Ausblicke über eine Thema und eine interessante Flora von Einzelideen überall am Weg; eine Kargheit, die verhindert, daß man den Wald vor lauten Bäumen nicht mehr sieht. Das Ganze blüht im Detail und dieses wiederum ist aufgehoben im Ganzen.

In diesem ABC-Buch finden sich genug Belege dafür, wie sich alte Lehrertugenden, die Sicherheit entlang des Weges vom Nahen zum Fernen und die „begreifbare" Anschaulichkeit, mit weltoffenem, der Gegenwart verpflichtetem Elan verknüpfen lassen. Weltfremdheit ist seine Sache nicht; er ist keiner von den abgehobenen, vergeistigten Wissenschaftlern, die mit akademischem Kauderwelsch hohe Zäune errichten, um möglichst unangreifbar zu sein. Er ist Pädagoge mit Leib und Seele, der auf die Literatur, auf ihre Schöpfer und auf die Kinder zugeht, weil er alle drei ganz offensichtlich mag.

Er weicht dabei den modernen Adaptionen von Literatur nicht aus und plädiert für einen unbefangenen Umgang mit Vertonungen, Verfilmungen oder multimedialen Aufbereitungen. Im Mittelpunkt bleibt so oder so das Erzählen. Er

verläßt also die Hauptwanderwege und begreift auch den
Film als eine Art des Erzählens. So nimmt er vielen verunsi-
cherten Erziehern die Scheu, sich der Leseerziehung in einem erweiterten Sinn anzunehmen, auf eine Art und Weise,
die den Rezeptionsgewohnheiten – nicht nur der Kinder –
heute wesentlich besser gerecht wird. Das „Wie-lese-ich",
„Wie-sehe-ich-Filme" ist ihm mindestens genauso wichtig
wie das „Was-lese-und-sehe-ich". Trotzdem weiß der Autor
um die Bedeutung der Literatur im eigentlichen Sinn, dieser
Literatur, die es schafft, „Kino im Kopf" zu sein, eigene Bilder bei den Lesenden zu wecken. Verblüfft kann jeder, der
seine Arbeiten, etwa sein Buch über Hans Christian Andersen, liest, gewahr werden, welche schillernde, zeitlos-inter-
eressante Welt es zum Beispiel in den alten Andersen-Märchen neu zu entdecken gibt. „Sie ermöglichen – über Generationen hinweg – intensive Leseerlebnisse, weil sie auf die
je eigene Situation des einzelnen Lesers übertragbar sind,
überführbar auf die Gefühls- und Lebenswelt auch der
Schüler von heute." Damit wird deutlich, daß hier einer
nicht nur die Grenze zwischen Kinder- und Erwachsenenliteratur überschreitet, sondern auch die zwischen Wissenschaft und Belletristik. Michael Sahrs Ausdrucksweise wird
getragen von der Kunst, schwierige Zusammenhänge mit einer einfachen, aber keinesfalls vereinfachenden Sprache
darzustellen. Hinzu kommt, daß man spürt: Da schreibt einer übers Lesen, der selbst ein begeisterter Leser ist. Was
könnte aus dieser Welt werden, wenn es nur genügend Lehrer gäbe, die ihre eigene Begeisterung für den Stoff so behutsam und unaufdringlich in den Raum stellten!

Im Laufe seiner mehr als dreißigjährigen Beschäftigung mit
Kinderliteratur hat er immer wieder bestimmte Themen-Re-
gionen und Problem-Geröllfelder durchquert, die er nun,
am Ende seiner beruflichen Auseinandersetzung mit Literatur angekommen, noch einmal absteckt. Sein erstes Buch –

es ging auf seine Dissertation zurück – erschien unter dem vielversprechenden Titel „Wirkung von Kinderliteratur". Die Geschichten, die Autoren und die jungen Leser bestimmten die Auswahl seiner Route. Der Bekanntheitsgrad der Autoren, mit denen er sich beschäftigte, spielte für ihn nie eine Rolle. Da stellte er in „5 x Kinderbücher im Unterricht" vorbehaltlos eine wenig bekannte Autorin wie Roswitha Schlegl neben den Bestsellerschriftsteller Peter Härtling oder einen wunderschönen Buch-Flop wie Manfred Bofingers „Graf Tüpo, Lina Tschornaja und die anderen" neben Klassiker wie Erich Kästners „Konferenz der Tiere". Er kümmerte sich – wie zuletzt in „Leseförderung durch Kinderliteratur" – um Märchen und Bilderbücher genauso wie um phantastische und problemorientierte Kinderbücher. Am Rastplatz setzte sich der Wanderer zusammen mit Erich Kästner, Peter Härtling und Irina Korschunow ebenso wie mit Lewis Carroll, Carlo Collodi und Hans Christian Andersen und diskutierte mit ihnen über die Beobachtungen entlang des Weges.

Als Rahmen für dieses Buch nun dient ihm ein altbewährter Baukasten: das Alphabet – die kleinen Bausteine der Literatur, die Buchstaben. Kein „Lexikon zur Kinderliteratur", ein ganz persönliches Alphabet wird sichtbar, ein Kinderbaukasten mit Kerben und Schrammen, den Wegmarkierungen des Gedächtnisses. Hier blickt einer zurück auf seine Wanderungen. Kein Mitläufer, kein Vereinsmeier, eher ein Einzelgänger, der beharrlich an der Stille als Stütze fürs Nachdenken und Überdenken festhält und sich dann doch nicht scheut, seine Erlebnisse und Erkenntnisse auch anderen zugänglich zu machen.

Mit diesem, seinem insgesamt siebzehnten Buch ist ein sehr persönliches Werk entstanden, in dem er wiederum eine Grenze überschreitet, die er versuchsweise auch früher schon des öfteren abgetastet hat: die Grenze zwischen objektivem Vermessen eines Weges und subjektiver Erfassung seines persönlichen Lebensraumes. Er kartiert, zeichnet – fast möchte man sagen: baut – seine vielen Wanderungen zu einem einzigen Weg zusammen. Sichtbar wird zwischen den Zeilen der Lebensweg eines Wanderers, der es geschafft hat, immer wieder auch in die Regionen seiner eigenen Kindheit zurückzukehren, selbst dann noch Kind zu werden, als er schon längst erwachsen war. Er ist einer, dem es gelungen ist, die Grenze zwischen Jugend und Alter immer wieder aufzuheben, ohne einem oberflächlich anbiedernden Jugendlichkeitskult zu verfallen. Er hat weder die Praxis gegen die Theorie noch das pädagogisch-humanistische Ideal gegen die befreiende Kraft der Phantasie ausgespielt.

Wanderer, die sich mit seinem und damit unserem Alphabet beschäftigen, werden Weglosigkeit nicht mehr mit Ausweglosigkeit verwechseln und die Chancen der Weglosigkeit nutzen – über alle Grenzen hinweg.

Michael Sahr (links) und der Schriftsteller Harald Grill im Gespräch (1990)   Foto: Schlicksbier

A = Angst

Erlebte und erlesene Angst bei Kindern

Angst ist eine allen Menschen gemeinsame, von Kindern aber besonders häufig und intensiv erlebte emotionale Erfahrung. Sie beeinflußt und beeinträchtigt in starkem Maße die Persönlichkeitsentfaltung. Gleichgültig in welcher Ausprägung sie auftrifft, sie hat eine ganz entscheidende Bedeutung für die Entwicklung des Kindes.

Keine Frage, daß die Ängste der Kinder vom Erzieher sehr ernst zu nehmen sind und daß die Aufgabe, Ängste bei Kindern möglichst gering zu halten und vorhandene und eingewurzelte Ängste abzubauen, zu seinen wichtigsten Aufgaben zählen. Nur können sich die meisten Erwachsenen kaum noch klarmachen, was Angst in der Kindheit eigentlich bedeutet, in welchem Maße sich Kinder von realen Verbrechern verfolgt und von irrealen Ungeheuern bedrängt sehen und mit welcher Intensität sie all die greifbaren und ungreifbaren Gefahren empfinden. Deshalb ist es erforderlich, sich immer wieder einmal Auskunft darüber einzuholen, wovor und in welchem Ausmaß sich Kinder am häufigsten ängstigen. Vergleiche zwischen älteren und neueren Untersuchungen zeigen, daß es sowohl überdauernde Angstquellen gibt (die relativ unverändert hoch gebliebene Angst vor Gespenstern, Geistern und Vampiren legt den Verdacht nahe, daß es sich hierbei um „Urängste" handeln könnte, die Kinder zu allen Zeiten hatten und – zumindest in bestimmten Altersstufen – niemals ganz auszuschalten sind) als auch zeitbedingte Ängste (die Angst vor Umweltkatastrophen, die vor Jahrzehnten überhaupt keine Rolle spielte, heutzutage aber dominant ist, wird sicherlich durch die ständig und in allen Medien präsentierten „Angst-Worte" vom „Wald-, Robben- und Fischsterben", von der „Meeres- und Luftverschmutzung" und vom „Ozonloch" und „Treibhauseffekt" beeinflußt; Ähnliches gilt – vor allem bei Mädchen – für die Angst vor Sittlichkeitsverbrechern).

Wandel in den Angstausprägungen bei Kindern im Verlauf zweier Jahrzehnte:

Tab. 1 Hans Zulliger. Die Angst unserer Kinder. Frankfurt a.M. und Hamburg 1969

Angst vor ...	total	Mädchen	Jungen
Tieren (Hunde, Wölfe, Pferde ...)	96 %	98 %	95 %
Körperbeschädigungen	95 %	96 %	94 %
Gespenstern, Geistern, Einbrechern	91 %	97 %	85 %
Autoritäten	82 %	80 %	85 %
Angstträumen	81 %	85 %	77 %
fremden Leuten, „bösen Menschen"	80 %	85 %	74 %
Blut, Menstruationsangst	73 %	89 %	58 %
Verlassenwerden von den Eltern	63 %	51 %	76 %
Schule, Examen, Klausuren	57 %	46 %	68 %
Dunkelheit (Dachboden, Keller)	49 %	54 %	44 %
Wasser (Wasserscheu)	41 %	40 %	43 %
Gewittern	39 %	42 %	36 %

Tab. 2 Michael Sahr. Über die Ängste unserer Kinder. In: Pädagogische Welt 8(1990

Angst vor ...	total	Mädchen	Jungen
Krieg	94 %	99 %	88 %
Krankheiten	90 %	99 %	77 %
bösen Träumen	85 %	94 %	73 %
Umweltkatastrophen	82 %	90 %	73 %
fremden Leuten	82 %	93 %	70 %
Gewittern	80 %	94 %	63 %
Proben/Prüfungen	77 %	79 %	75 %
Alleinsein	76 %	90 %	59 %
Gespenstern/Geistern	73 %	81 %	64 %
Dunkelheit/Nacht	73 %	79 %	66 %
Tieren	69 %	69 %	70 %
Verletzungen/Blut	55 %	66 %	41 %

Eltern und Lehrer sind in aller Regel sehr unsicher, wie sie mit den Ängsten ihrer Kinder umgehen sollen. Viele neigen dazu, über die Ängste hinwegzugehen und sie herunterzuspielen in dem Glauben, sie würden nach einer gewissen Zeit von ganz allein verschwinden. Nach dem Motto *„Nichts sehen – nichts hören – nichts sagen"* wird die Angst der Kinder verdrängt und tabuisiert oder mit der Bemerkung „Davor brauchst du doch keine Angst zu haben!" abgewürgt. Andere überbewerten die Ängste in so ungerechtfertigter Weise, daß sie sie durch ihre maßlos übertriebenen Reaktionen noch verstärken und zur Dauererscheinung machen. Die Folge davon ist, daß diese Kinder überall Schrecken und Gefahren wittern und sich ständig von Dämonen und wilden Tieren umzingelt sehen.

Weder Leugnen und Totschweigen noch ein überemsiges Angehen und Auf-die-Spitze-Treiben stellen angemessene pädagogische Vorgehensweisen zur Reduzierung kindlicher Ängste dar. Wenn aber auch eindringlichen Aufklärungs- und Überzeugungsversuchen nur sehr selten Erfolg beschieden ist und wenn pure Bewahr-Pädagogik erst recht nichts bringt, was bleibt dann noch zu tun? Der Erzieher, der sich um eine „richtige" Aufarbeitung kindlicher Ängste bemüht, befindet sich in der Tat in einer besonders spannungsreichen und schwierigen Situation. Auf der einen Seite weiß er, daß er die Ängste der Kinder auch durch sehr behutsame und umfassende Erziehung nie völlig beseitigen kann und daß er keine Möglichkeit hat, die Kinder aufzuziehen, ohne sie zuweilen heftigsten Ängsten ausgesetzt zu sehen. Auf der anderen Seite darf er auftretende Ängste weder verleugnen und überspielen noch ungerechtfertigt aufblähen. Zugleich aber wird er es als dringend notwendig erachten, bei den Kindern höchstmögliche Angstfreiheit zu erreichen, weil ihm bekannt ist, wie Ängste die Entfaltung des kindlichen Denkens und Handelns behindern und unter Umständen tiefgreifende Schädigungen hinterlassen können.

Was ist ihm also zu raten?

Mit den Kindern offen über Ängste sprechen, indem er ihnen klarmacht, in welchen Zusammenhängen sie auftreten
und wo sie unberechtigt sind, und indem er ihnen konkrete
Beispiele vorführt, wie man Ängste aktiv bekämpft, am besten durch gemeinsames Handeln und Zusammenhalt untereinander. Und genau an dieser Stelle bietet die Kinderliteratur oft ausgezeichnete Hilfe. Sie kann als eine Sonderform
oder mildere Vorstufe der sogenannten „Konfrontationstherapie", einer modernen und ziemlich aussichtsreichen
Methode der Angstbehandlung, verstanden werden. Kinder, die in literarische Angstsituationen gelangen oder auch
bewußt geschickt werden, lernen – ohne daß ihnen etwas
wirklich Gefährliches passieren kann – ihre Ängste zu erkennen, auszuhalten und ein Stück weit zu bewältigen.

Der Hauptunterschied zwischen der erlebten und der literarischen Angst liegt darin, daß wir die Angst im Leben am
liebsten meiden; einen großen Teil unserer Zeit und Energie
verwenden wir darauf, ihr zu entrinnen. Angst in der Literatur (und in den Medien überhaupt) wird dagegen gesucht.

Literarische Gestaltungen der Angst – etwa in Form von Gespenster-, Geister- und Spukgeschichten – sind gewiß so alt
wie die Literatur selbst. Auch in der Kinderliteratur haben
sie eine lange Tradition. Das älteste Mittel gegen die Einschlafängste war wohl das Lied und der beschwörende
Reim, die man trostbedürftigen Kindern vorsang und vorsagte. Gespenster, Geister, Druden, Wiedergänger, Monster, Riesen, böse Zwerge, Zauberer, Hexen, Teufel, Vampire und ähnliche literarische Phantasiegestalten üben bis heute auf Kinder eine starke Anziehungskraft aus. Nach einer
Mitteilung des „Börsenblattes" stand im Jahr 2000 an der
Spitze der beliebtesten Kinderbuchautoren ein Gruselautor,
Robert L. Stine mit seiner inzwischen auf 54 Bände angewachsenen „Gänsehaut"-Taschenbuchserie.

Das Motiv der literarischen Angst ist für die Kinder vor allem aus drei Gründen interessant:

- *Es kommt ihrer psychologischen und entwicklungsbedingten Verfaßtheit entgegen.*

  Ihre Bereitschaft, an die Existenz von Gespenstern und Geistern zu glauben, ist nach wie vor bemerkenswert hoch; sie steht mit ihrem lange Zeit magisch gefärbten Weltbild in Verbindung. Kinder sind aber auch deswegen von dieser Art Literatur fasziniert, weil sie in einer Welt, in der alles Unzivilisierte, Rätselhafte und Unerwartete weitgehend beseitigt wurde und verschwunden ist, ein Bedürfnis und Interesse am Unwirklichen, eine Sehnsucht nach Phantasieländern und eine Vorliebe für geheimnisvolle und unheimliche Begegnungen haben.

- *Es hat eine merkwürdige Gefühlsambivalenz zur Folge.*

  Walter Scherf hat wiederholt dargelegt, wie Kinder von einem bestimmten Stadium ihrer Entwicklung an Situationen spielerisch herbeiführen, die eigentlich angsterzeugend sind. Das Motiv, angstverbreitende Erlebnisse aufzusuchen, herauszufordern und durchzuspielen sei eine wichtiges Mittel, sich von Eltern abzulösen und abzunabeln. Dies gilt nicht nur für Kinderspiele und -reime, sondern zieht sich durch die gesamte Kinder- und Jugendliteratur. Märchen, Sagen und Gespenstergeschichten beweisen dies. Auffällig dabei ist, daß das Spielen angstvoller Spiele und das Lesen unheimlicher Geschichten den Kindern keinen eindeutigen Schrecken bereiten, sondern sich offensichtlich mit Vergnügen und Genuß vermischen. Nicht ohne Grund spricht man in diesem Zusammenhang gerne vom „angenehmen Schauder" und vom „Angstkitzel".

- *Es erlaubt risiko- und folgenlose Angst-Erlebnisse.*

  Erlesene Angst unterscheidet sich von wirklich erlebter Angst vor allem dadurch, daß alles ungefährlich und ein Spiel bleibt. Der Leser unheimlicher Geschichten ist ja

niemals Betroffener, empfindet nicht die gleiche Bedrük-
kung wie der Buch-Held, ist der Gefahr nicht im gleichen
Maße ausgeliefert wie dieser. Hinter der Angst, der er sich
gedanklich aussetzt, steht immer das Bewußtsein, daß
nichts passieren kann. Das gibt ihm ein Gefühl der Sicherheit; er hat in jedem Augenblick die Gewißheit: „Ich kann
wieder zurück!"

Auf diese Weise können über die Kinderliteratur Angstbe-
dürfnisse unschädlich abreagiert, aber auch Ängste aufgear-
beitet und abgetragen werden, denen der Leser im wirklichen Leben ausgesetzt ist.

Im Kinder- und Jugendbuch sind verschiedene Wege der
Angstbewältigung auszumachen:

- *das Verharmlosen der Ungeheuer als freundliche Wesen*
  In der Kinderliteratur der 50er und 60er Jahre – vor allem
  die Bücher von Otfried Preußler vom „Kleinen Wasser-
  mann", von der „Kleinen Hexe" und vom „Kleinen Ge-
  spenst" waren richtungsweisend – erfolgte eine Verniedli-
  chung der Dämonen. So gutgemeint es auch sein mag,
  Ungeheuer im Grunde als ungefährlich zu entlarven, ist es
  doch zu bezweifeln, ob Kinder dabei wirklich lernen, mit
  ihren Ängsten umzugehen; denn sie erhalten ja keinerlei
  Hinweise, wie sie die Schreckgestalten ihrer Phantasie
  bändigen und überwinden können.

- *das Parodieren der Ungeheuer*
  Gleiches gilt für eine andere Form der Dämonenbewälti-
  gung: die parodierende oder karikierende Verulkung der
  Ungeheuer. So haben Christine Nöstlinger mit ihrem
  Buch „Der liebe Herr Teufel" oder Renate Welsh im Buch
  vom „Vamperl" dieses Motiv aufgegriffen und versucht,
  kindliche Ängste und kindliches Grauen vor Dämonen
  dadurch aufzuheben, daß sie diese Figuren lächerlich
  machten, ironisierten, vermenschlichten und entmytholo-
  gisierten. Aber was ist – pädagogisch gesehen – schon gewonnen, wenn etwas, das tagsüber kleingeredet und der

Belustigung anheimgestellt wird, nachts umso gruseliger und bedrängender wiederkehrt?

- *das Ernstnehmen der Ungeheuer als böse Widersacher*
Am überzeugendsten sind wohl die literarischen Versuche, die zeigen wie kluge, selbstbewußte, entschlossene Kinder es fertigbringen, sich von ihren Ängsten zu befreien, indem sie sie offen austragen und die Macht der Dämonen durch „richtiges" Verhalten eingrenzen (etwa mit dem „Zaubertrick", ihnen fest in die Augen zu sehen, „ohne ein einziges Mal zu zwinkern"). Dazu zählt als geradezu klassisches Beispiel Maurice Sendaks Bilderbuch von den „Wilden Kerlen"; für den Bereich der Kinder- und Jugendliteratur sind Ursula Wölfels „Nachtvogel", Angela Sommer-Bodenburgs „Moorgeister", Irina Korschunows „Unugunu", Otfried Preußlers „Krabat" oder die von Band zu Band düsterer ausfallende Harry-Potter-Serie von Joanne K. Rowling zu nennen. Derartige Bücher können anfangs dem lesenden Kind durchaus Angst einflößen; aber die ängstigenden Aspekte verschwinden während des Lesens im gleichen Maße, wie die tröstlichen Züge immer stärker in den Vordergrund rücken. Am Ende haben sich die anfänglichen Angstgefühle verwandelt in Genugtuung darüber, daß die Angst mit Erfolg gemeistert werden konnte. Natürlich wird man auch dadurch nicht gegen alle Gespenster gefeit, aber doch wohl gegen manche.

Aufschlußreich sind in diesem Zusammenhang auch die Antworten von Schülern auf die Frage, wann eine unheimliche Geschichte gut zu ertragen sei und „angstfest" machen könne: dann, wenn die Geschichte glücklich ausgeht, wenn die Buchfigur es dem Leser vormacht, wie sie es schafft, mit ihrer Angst fertig zu werden, und wenn man bei der Begegnung mit einem Ungeheuer nicht allein ist, sondern einen Freund und Begleiter zur Seite hat.

B = Briefe

Briefkontakt mit Kinderbuchautoren

Die Klage ist nicht neu: Unsere Kinder schreiben nicht mehr, sie telefonieren nur noch! Sie ziehen dem Briefeschreiben das Gespräch über das Telefon, die (Kurz-)Mitteilung über das Handy oder den Chat im Internet vor!

Aber die These ist auch einseitig. Zum einen sprechen Erfahrungswerte gegen sie: Schon im Grundschulalter zeigen sich Kinder als sehr mitteilungsbedürftig und neugierig, persönliche Briefbeziehungen aufzunehmen; vor allem Mädchen schreiben gerne an Gleichaltrige oder auch an Erwachsene, zu denen sie Vertrauen haben. Sie genießen die größeren stilistischen Freiheiten (Ausrufe, Andeutungen, schnodderige Sprache) und die begrenzten Kontrollmöglichkeiten (Briefgeheimnis), die das Briefeschreiben ihnen erlaubt. Zum anderen sind es Untersuchungsergebnisse über die Schreibpraxis Jugendlicher, die diese These fragwürdig erscheinen lassen. So zeigt etwa die Jugendstudie der Deutschen Shell, daß das Schreiben persönlicher Briefe zu den bevorzugten Freizeittätigkeiten gehört. In einem „Zeit"-Artikel von Harro Müller-Michaels hieß es: „E-Mails fördern schon jetzt eine neue Briefleidenschaft, von der das 18. Jahrhundert mit seiner Briefkultur nur träumen konnte." Das mag zutreffen, nur darf nicht übersehen werden, daß es erhebliche Unterschiede zwischen dem (hangeschriebenen) Brief und Telefon-, Handy- und E-Mail-Kontakten gibt, die es verbieten, Briefe einfach als verschriftlichte Telefon- und Internetgespräche zu verstehen.

Briefeschreiben wird in der Schule geübt, seitdem es den Deutschunterricht gibt. Immer schon führte man pragmatische Gründe an: Briefeschreiben gehört zu den Notwendigkeiten des Lebens, also kann die Schule sich um diese Auf-

gabe nicht herumdrücken. Heute wird schulisches Briefeschreiben – neben dem Aspekt der „Zweckhaftigkeit" – vor
allem über die „Kommunikationsfunktion" (Briefe richten
sich an echte Leser; es wird keine Pseudoöffentlichkeit her-
gestellt; hier geschieht Schreiben für wirkliche Adressaten
mit der Aussicht auf Feedback) und den „Wirklichkeitscha-
rakter" (sofern der Adressat eine real existierende Person ist
– Briefe an fiktive Empfänger sind für Kinder reizlos –, stellt
der Brief einen natürlichen Schreibanlaß für sie dar und erhält dadurch hohe Motivationskraft) zu rechtfertigen versucht.

Das Problem des Schreibens privater Briefe in der Schule
liegt auf der Hand. Es besteht darin, die rechte Balance zwischen Freiwilligkeit und unterrichtlicher Planung zu finden.

Didaktisch gesehen sind mindestens fünf Grundsätze zu beachten:

- Die Schüler müssen für ihre Briefe einen konkreten Partner haben; sie schreiben mit der berechtigten Hoffnung
  auf Antwort.

- Sie müssen zum Briefeschreiben bereit sein, ein Aus-
  drucksbedürfnis haben; erzwungene Briefe sind ebenso
  unersprießlich wie erzwungene Freundschaften.

- Sie müssen genügend Zeit zur Verfügung haben; der Lehrer darf weder die Belastung, einen großen, leeren, weißen Briefbogen beschreiben zu wollen, noch den für
  Grundschüler oft anstrengenden motorischen Vollzug des
  Schreibens unterschätzen.

- Sie müssen bestimmte Formalien und Gestaltungsregeln
  kennen (Aufteilung des Briefes, Anrede, Grußformel),
  die Gegenstand schulischer Übung sind.

- Sie müssen die Gewähr für eine taktvolle und die Intim-
  sphäre beachtende „Behandlung" ihrer Briefe seitens des
  Lehrers haben.

Dies gilt selbstverständlich auch für die besondere Situation des Briefverkehrs zwischen jungen Lesern und Schriftstellern, die eine wirksame Form der „Leseförderung" darstellt und nach der Autorenlesung die zweitwichtigste Möglichkeit ist, in einen persönlichen Kontakt zu einem Kinderbuchautor zu treten. Natürlich klappt sie nicht in jedem Falle. Es gibt Autoren, die den großen Zeitaufwand, der mit der Beantwortung von Kinderbriefen verbunden ist, nicht aufbringen wollen und auf Briefe gar nicht reagieren. Andere behelfen sich mit standardisierten Schreiben („Über Eure Post habe ich mich riesig gefreut ...!"), bisweilen auch lediglich mit Autogrammkarten. Aber es gibt eine ganze Reihe von Autoren, die sich mit der Antwort auf Schülerbriefe eine Menge Mühe machen und mit denen es zu einem ausgesucht schönen Briefwechsel kommt.

- So lobte beispielsweise *Robert Gernhardt* einen Klassenbrief und die beigefügten selbst erfundenen Schülergeschichten, die im Anschluß an die Lektüre seines Buches „Der Weg durch die Wand" entstanden waren, indem er die Hauptfiguren des Buches geschickt in seine Antwort miteinbezog: „Eben gerade habe ich Sandra und Inti aus Eurem Buch vorgelesen. Um es gleich zu sagen: Sie wollten eine Geschichte nach der anderen hören, und auch mir haben sie sehr viel Spaß und Freude gemacht. Ich finde sie allesamt ausgezeichnet und habe mich sehr gewundert, daß Ihr so gut erzählen und schreiben könnt."

- So bedankte sich *Harald Grill* für die Einladung der Schüler zu einer Lesung, aber auch dafür, daß die Kinder bei der Lektüre seines Buches „Da kräht kein Hahn nach dir" einige Unstimmigkeiten und Druckfehler entdeckt hatten: „Herzlichen Dank für den schönen und interessanten Brief. Ich habe mich sehr darüber gefreut. Gut, daß Euch mein neues Buch so sehr gefallen hat. Das macht einem Schriftsteller Mut, wieder neue Geschichten zu schreiben!

Selbstverständlich dürft Ihr mir auch mehr als hundert
Fragen stellen, wenn ich am 11. Mai zu Euch in die Schule
komme. Also: 293 Fragen sind locker genehmigt! Besonders danke ich Euch für die Hinweise! Ihr habt mein
Buch wirklich sehr aufmerksam gelesen. Beim Schreiben
passieren einem manchmal Fehler. Jeder Mensch kann
Fehler machen: Schüler, Lehrer, Schriftsteller, ist doch
klar! Einmal habe ich den Markus aus Versehen mit dem
Manfred vertauscht, einmal habe ich eine Uhrzeit vergessen, und auf der Landkarte habe ich etwas falsch einge-
zeichnet. Da bin ich durch Eure Fragen draufgekommen.
Danke! Ich werde sofort dem Verlag schreiben, damit das
bei der nächsten Auflage korrigiert wird . . ."

- So erfreute *Jörg Steiner* Lehrer wie Schüler mit einem
  ausführlichen Brief, in dem er die diversen Fragen der
  Kinder zum Buch „Der Mann vom Bärengraben" geduldig beantwortete:

Lieber Herr Steiner,

wir sind die Klasse 4a aus Pettendorf (das ist ein Vorort von
Regensburg) und haben in der Schule Ihr Buch "Der Mann
vom Bärengraben" gelesen.
Um es gleich zu sagen: wir alle fanden die Geschichte
prima, toll, super, klasse, spitze, bärenstark... Beim
Lesen sind wir sehr nachdenklich geworden
und haben uns gut in den alten Mann und
in die Bären im Bärengraben hineinversetzen können. Besonders gefallen hat uns,
daß Sie uns Kinder im Buch richtig ansprechen und in
die Geschichte hineinnehmen. Das ist für uns wichtig. Viele Autoren schreiben nur   so dahin und be-
ziehen uns nicht richtig   ein. Wir finden
auch gut, daß Sie uns   aufgefordert haben,
die Geschichte selber zu   Ende zu schreiben.
Wir haben einige gute   Ideen gehabt.

Aber wir haben trotzdem noch viele Fragen an Sie:
Ist die Geschichte wirklich passiert?
Gibt es den Hans Weidauer?
Finden Sie den Bärengraben nicht viel zu klein für eine
Bärenfamilie?
Warum machen die Berner ihren Bären-
graben nicht größer, wenn sie ihre Bären
wirklich so mögen?

Gibt es das Wirtshaus "Zum fröhlichen
Bären"? (Den Wirtshausnamen finden
wir dumm!)
Sind Bären ihre Lieblingstiere, weil Sie doch so eine schöne
spannende Geschichte über sie geschrieben haben?
Möchten Sie Bärenwärter sein?
                    Ganz klar ist uns immer noch nicht, wa-
                    rum Bern einen Bären im Wappen hat?
Wollen die Leute damit zeigen, daß sie sich so stark wie
Bären fühlen oder gab es früher dort wilde Bären oder
stimmt das mit dem Tanzbären wirklich?)

Wenn Sie mögen und Zeit haben, dann schreiben Sie uns
einmal. Wir würden uns sehr   freuen. Und
vergessen Sie nicht, einen herz-   lichen Gruß
an Jörg Müller auszurichten und   ihm zu sagen,
daß wir seine Bilder prima, toll, super, klasse, spitze, bärenstark... finden.
                                   Silke   Eva

        Herzliche Grüße Thomas
                                        Hannes
    Emma
                        Peter
  Celine H.   Susanne   Hartmut   Teresa
                        Ingrid
      Tanja   Markus
  Sabine P. Jochen Carolin   Christina Ralf

                              Birgit
                                   Veronika Kata die
                                             Lehrerin
                                             Michael Gehr

Liebe Kinder aus der Klasse 4 a
und lieber Michael Sahr,

Eure Briefe haben uns große Freude gemacht, habt Dank dafür.

Ihr könnt Euch denken, daß viele Kinder
uns schreiben und daß fast alle wissen
möchten, ob die Geschichte wirklich passiert sei. Diese Frage ist gar nicht einfach zu
beantworten; denn alles, was Ihr Euch aus-
denken und vorstellen könnt, ist in Eurem
Kopf ja auch ein Stück Wirklichkeit. Wir,
Jörg Müller und ich, haben aus diesem
Stück Wirklichkeit ein Buch gemacht.

Wir haben die Leute am Bärengraben beob-
achtet. Da haben wir auch einen alten Mann
gesehen. Er war schüchtern. Er wollte schon
mit uns sprechen, aber, sagte er, sein Name
sei nicht wichtig und am wohlsten fühle er
sich allein. So haben wir ihn Hans Weidauer
genannt. („Bärenhans" gefällt mir auch.)

Ich selbst wäre kein guter Bärenwärter. Es
ist seltsam, daß die Stadt Bern überall ihre
Bären zeigen will: im Graben, im Wappen,
auf den Fahnen usw. Manchmal denke ich,
daß die Bewohner dieser Stadt sich hinter
ihren Bären verstecken möchten.

Der Bärengraben, sagte mir der Direktor eines Tierparks, sei groß genug für die Tiere,
die ja kein Jagdrevier brauchen, um sich zu
ernähren. Ich selber aber bin überzeugt davon, daß die Bären aus dem Gefängnis aus-
brechen würden, wenn sie könnten – und
vielleicht würden das auch die Bewohner
der Stadt gerne tun, wenn sie könnten, und
...

Laßt Euch herzlich grüßen
von Euren Jörg Müller und Jörg Steiner

Biel, am 2. August 1989

Es gibt verschiedene Arten von Briefen zwischen Kindern und Autoren. Am häufigsten dürften die über den Lehrer laufenden, gemeinsam formulierten Klassenbriefe sein. Eine sehr anregende Korrespondenz für diese Form ergab sich mit *Helme Heine* im Anschluß an die Lektüre seiner „Zehn frechen Mäuse", bei der sich die Kinder vehement gegen manche Erwachsenenkritik wehrten („Makaber und angstbesetzt!") und dieses Bilderbuch wortreich in Schutz nahmen. Helme Heine schickte folgenden handgeschriebenen Antwortbrief und legte ihm eine Originalzeichnung einer „Schulmaus" bei:

Lieber Dr. Michael Sahr,
lieber frecher Schulmäuse,

Euer Brief, Euer Gedicht, Selbstporträts und
das „Interview" haben mich bewegt. Danke für die
Verteidigung der frechen Zehn. Ihr habt mir voll
aus dem Herzen gesprochen, und Ihr habt mich verstanden. Wenn ich ein neues Buch schreibe und
male, denke ich oft, ob das die Leser bemerken;
meinen Humor, ein kleines Detail, ein versteckter
Hinweis. Eure Antworten waren sehr ermutigend.
Ihr habt fast alles gesehen und entdeckt. Das gibt
mir Mut.

Ich habe Euch eine kleine Skizze (für das Buch.
Zehn freche Mäuse) als Danke-schön beigelegt.
Ihr könnt es ja im Klassenzimmer aufhängen.

Vielleicht schaffe ich es ja auch mal, Euch zu
besuchen. Versprechen kann ich es im Augenblick
nicht, denn ich arbeite sehr, sehr viel an einem
Zeichentrickfilm-Serie. Sie wird im November dieses
Jahres im ZDF laufen. Sie heißt „Sauerkraut."
Euch allen liebe Grüße
Euer Helme Heine

Im günstigsten Fall entwickelt sich daraus eine „entschulte"
Form der Korrespondenz, bei der sich das Briefeschreiben
zwischen den einzelnen Kindern und dem Kinderbuchautor
verselbständigt und zu einer Art Brieffreundschaft wird. Etwas Derartiges ergab sich zwischen den Kindern einer dritten Klasse und *Roswitha Schlegl*. Die Autorin, die seinerzeit
in Spanien lebte (inzwischen leider verstorben ist), hatte Ende der 80er, Anfang der 90er Jahre einen sehr phantasierei-
chen Kinderbuchzyklus über den „Rand der Erde" heraus-
gebracht, der zum Anlaß für einen Briefwechsel von fast ein-
einhalb Jahren Dauer wurde. In einem ihrer ersten Briefe an
die Kinder machte sie den Vorschlag: *„Laßt uns ein Brief-
buch schreiben!"*, den die Kinder begeistert aufgriffen. Insgesamt gingen mehr als dreißig (teilweise bis zu acht Seiten
lange) Briefe der Autorin an die Schüler bzw. mindestens
drei Briefe oder Karten pro Kind an die Autorin zwischen
Barcelona und Regensburg hin und her. Die Kinder schrieben von ihren Hobbys („Ich habe schon 650 Briefmarken gesammelt.") und Abenteuern („Jetzt will ich Dir von unserem
Lieblingsspiel 'Schatzverstecken' erzählen."), von kleinen
Begebenheiten („Ich habe in der letzten Probe eine 'Zwei'
geschrieben.") und Kümmernissen („Ich hatte auch schon
eine Katze, aber nur ein halbes Jahr, dann ist sie überfahren
worden."). Fragen über Fragen sprudelten hervor, sie zeug-
ten von Interesse und oft frischer Unmittelbarkeit und Unbekümmertheit, ja Bewunderung („So was wie Dich nenne
ich eine starke Frau!"). Der große Altersunterschied zwischen den Briefpartnern hemmte diese Unbekümmertheit
keineswegs. Die Kinder näherten sich ihr nicht in Distanz
oder übergroßem Respekt, sondern „redeten" frei von der
Leber weg, oft kumpelhaft und kollegial („Du malst auch
sehr schöne Bilder."). Sicherlich hing das mit dem Angebot
des Du zusammen („Hier in Spanien sagt man höchstens zu
einem Bischof oder einem Minister 'Sie'."). Roswitha
Schlegl wurde von fast allen Kindern als ältere Freundin an-

gesehen, der man manches offenbaren kann, was im direkten Gespräch schwerfiele („Mir haben Deine Bücher so gefallen, daß ich jetzt auch eine Geschichte schreiben werde. Und ich verspreche Dir, daß Du die erste sein wirst, die sie lesen darf.").

Und Roswitha Schlegl antwortete mit großer Geduld und Einfühlsamkeit. Sie ging auf jeden einzelnen Brief der Kinder ein, berichtete aber – an die ganze Klasse gerichtet – auch über Kindheitserinnerungen („Wir hatten eine ururalte Lehrerin in der ersten Klasse, die gab mir mal mit dem Rohrstock eins über die ausgestreckte Hand, so was war damals noch üblich. Nur weil ich beim Ordnen von Zahlen immer wieder die Reihenfolge verlor. Ich würde gern behaupten, ich hätte keine Miene verzogen, aber das ist leider nicht wahr. Ich brüllte so schrecklich, daß sie das nie wieder tat. Aber das Rechnen hatte sie mir von Anfang an verleidet ..."), allgemeine Tagesereignisse („Heute weht der Tramontana, das ist ein Wind, der gerade das Gegenteil ist vom Föhn bei Euch. Der Föhn ist warm, kommt aus dem Süden, macht müde und schwermütig. Der Tramontana kommt aus dem Norden, von den Pyrenäen. Er ist frisch und scharf und macht die Leute froh und tatendurstig ...") und jahreszeitliche Besonderheiten („Heute schreibe ich Euch allen zusammen, und zwar will ich Euch erzählen, wie die Kinder in Spanien Weihnachten feiern ...").

Daß es sich bei dieser Art Korrespondenz um einen seltenen Glücksfall handelt, bedarf keiner ausdrücklichen Erwähnung.

Das wärs für diesmal. Aber Euch allen möchte ich heute noch erzählen, worauf sich die spanischen Kinder jetzt schon vorbereiten: auf ein Fest, das hier fast so wichtig ist wie Weihnachten in den nördlicheren Ländern, nämlich die Johannisnacht, die kürzeste Nacht des Jahres, das ganz große Sommerfest. Es wird besonders hier in Katalonien gefeiert. Die Kinder sammeln schon ab jetzt alte Möbel und alles, was brennt, vom Sperrmüll, Obstkisten, usw. Und am Vorabend von Sankt Johannes, am 23. Juni, bauen sie dann riesige Scheiterhaufen. Hier in der Stadt auf den freien Plätzen (früher fast an jeder Straßenkreuzung, das ist jetzt nicht mehr möglich), und auf dem Land in jedem Dorf, überall. Und sie sparen jetzt schon, um möglichst viel Knallfrösche und Feuerwerk kaufen zu können. Und die Erwachsenen bereiten ein Fest vor. Viele, die selber keinen Garten haben, feiern einfach in einem Park, mit Lampions und Sekt und einem speziellen Kuchen für diese Gelegenheit, der dem oberpfälzer Kirchweihkuchen sehr ähnlich ist. Die Johannisnacht ist die schönst die Nacht des Sommers, und auch die lauteste. Sobald die Sonne untergeht, zünden die Kinder die Scheiterhaufen an. Später werden dann überall Feuerwerke abgebrannt, auf fast jeder Dachterrasse und vor allem in den Parks und auf den Hügeln um Barcelona herum. Und noch lange springen die Kinder um ihre Scheiterhaufen herum und erschrecken einander mit Knallfröschen, bis sie fast umfallen vor Müdigkeit und die Scheiterhaufen längst abgebrannt sind. Und die Feuerwehr hat in dieser Nacht Hochbetrieb... Es ist noch über ein Monat bis dahin, aber ich freu mich jetzt schon drauf.

Über weitere Dinge schreib ich das nächste Mal, denn da sind noch einige zweite Briefe, die ich alle zusammen beantworten werde. Vor allem will ich da einigen Freundinnen schreiben, die sich bald trennen müssen. Dies allein ist schon einen Brief wert!

Übrigens, vielen Dank auch für die Postkarte, die mir die Mädchen Eurer Klasse geschrieben haben! Und damit ist für heute wieder Schluß.

Ganz, ganz liebe Grüße an Euch alle,

Eure Roswitha

C = Comic und Bilderbuch

... willkommene Begleiter der Kinder

Eine perfektere Erfindung der Drucktechnik als das Bild und Text kombinierende Buch kann es für junge und jüngste Leser schlechterdings nicht geben.

Das Verhältnis von Bild und Text kann dabei jede denkbare Form annehmen. Ob das Bild dominiert (wie im Comic) oder der Text (wie im bebilderten Kinderbuch) oder ob Bild und Text ausgewogen und gleichrangig nebeneinander stehen (wie es bei den Bilderbüchern die Regel ist), spielt für den Wert des jeweiligen Buches keine Rolle – wohl aber sein inhaltliches, sprachliches und bildnerisches Niveau. Hier reicht das Spektrum vom billig gemachten, inhaltlich wie künstlerisch belanglosen Buch im Kaufhausstil bis hin zum aufwendig gestalteten, anspruchsvollen Buch, bei dem sich – im allerbesten Fall – Bild und Text zu einer nahtlosen Einheit verschmelzen, wie es den „Altmeistern" der Bilderbuchszene Friedrich Karl Waechter, Janosch oder Helme Heine bzw. den Bilderbuchkünstlern der „neuen Generation" wie etwa Jörg Müller, Wolf Erlbruch und Nikolaus Heidelbach immer wieder gelingt.

Daß dieses *Zugleich von Seh- und Leseerlebnis* die Kinder besonders anspricht und fasziniert, ist schon frühzeitig erkannt worden. Das erste (Sach-)Bilderbuch für Kinder, der „Orbis sensualium pictus", die „gemalte Welt", von Johann Amos Comenius ist nach dem Grundsatz entstanden, Bild und Wort zu verbinden. Schon damals wußte man: Sollen die Kinder einen festen Begriff von einer Handlung oder einem Gegenstand erhalten, muß er ihnen möglichst mehrkanalig, logo- und ikonographisch, angeboten und veranschaulicht werden.

Inhaltlich gesehen sind die Unterschiede zwischen Comic und Bilderbuch gering. Was heutzutage für die Bilderbücher zutrifft, nämlich daß es kaum ein Thema mehr gibt, das nicht auch im Bilderbuch aufgegriffen ist, und daß es darum geht, auf die großen und kleinen Fragen in elementarisierter und verdichteter Form (erste) Antworten zu geben, gilt grundsätzlich auch für die Comics. Das war bereits bei den „Vater-und-Sohn-Geschichten" von Erich Ohser festzustellen und zieht sich über die „Charlie-Brown-Comicstrips" von Charles M. Schulz bis hin zu den beiden eindringlichen „Maus"-Bänden von Art Spiegelman über Rassismus und Naziterror. Gern werden ja auch die Klassiker der Kinder- und Jugendliteratur als Vorlagen für Comics verwendet; daß dabei durchaus überzeugende Ergebnisse entstehen können, belegen die Arbeiten von Rotraut Susanne Berner („Märchenstunde"), Frida Bünzli („Die Abenteuer des Odysseus") oder Michel Plessix („Der Wind in den Weiden").

Auch die *Funktionen*, die Bilderbücher und Comics übernehmen und ausfüllen können, sind grundsätzlich die gleichen – mit Akzentverschiebungen selbstverständlich.

Man kommt auf mindestens zehn Aspekte. Über Bilderbücher wie Comics ist es möglich,

- die Wahrnehmung und das Sehen zu schulen, visuelle Geschmacksbildung zu betreiben; es sind hier wie dort immer wieder Bilder auszumachen, die sich ohne Bedenken als „Kunst" deklarieren lassen und Kindern ästhetische Ersterlebnisse vermitteln (= *ästhetische Funktion*)

- das Sprachverständnis und die Ausdrucksfähigkeit zu entwickeln; Bilder fordern zu Gesprächen heraus, Texte werden zu sprachlichen Vorbildern, an denen sich die Kinder orientieren (= *sprachliche Funktion*)

- über Grundlagen und Hintergründe unserer Lebensbedingungen zu informieren; sie sprechen Probleme der Lebenswirklichkeit an und fordern zu einer Auseinandersetzung mit ihnen heraus (= *umweltzeigende und -erklärende Funktion*)

- geistige Anregungen zu erhalten und das Denken zu schulen; Kinder erwerben Wissen und erweitern ihren Horizont (= *kognitionsfördernde Funktion*)

- das Gefühlsleben anzureichern und insbesondere die Phantasie- und Vorstellungskraft zu fördern; damit kommen sie der Neigung der Kinder entgegen, ihre Umwelt nicht nur kognitiv, sondern auch emotional zu deuten (= *emotionale und phantasiefördernde Funktion*)

- das kritische Problembewußtsein zu schärfen, Einstellungsänderungen hervorzurufen und das Verhalten zu beeinflussen; sie dienen der Einübung in soziales Verhalten (= *erzieherische Funktion*)

- das zeitgeschichtliche Wissen zu erweitern und das politische Selbstverständnis zu stärken; sie sensibilisieren die Leser, sich kritisch mit gesellschaftlichen Verhältnissen zu befassen (= *politische Funktion*)

- den schwierigen Prozeß der Identitätsfindung zu unterstützen und die Selbständigkeit der Kinder zu erhöhen; sie helfen ihnen, ihr inneres Gleichgewicht zu erhalten oder wieder herzustellen (= *identitätsbildende Funktion*)

- den Zugang zur „guten", „wertvollen" Kinder- und Jugendliteratur zu finden; sie bilden eine Brücke zu späteren Lesestoffen und anderen literarischen Gattungen und erleichtern das sogenannte „Hinauflesen" (= *literaturpädagogische Funktion*).

Da bei den Bilderbüchern und Comics meist mehrere dieser Funktionen zugleich angesprochen werden, empfiehlt es sich, bei einer didaktischen Analyse nach folgendem Raster vorzugehen:

Funktionen \ Buchtitel	Wo die wilden Kerle wohnen	Selim und Susanne	Das kleine Ich-bin-Ich	Tim und Struppi	Der Aufzug	Stimmen im Park	
1. ästhetische Funktion	X						
2. sprachliche Funktion							
3. umweltzeigende Funktion							
4. kognitionsfördernde Funktion							
5. emotionale Funktion	X		X				
6. phantasiefördernde Funktion	X	X					
7. erzieherische Funktion		X					
8. politische Funktion		X					
9. identitätsbildende Funktion			X				
10. literaturpädagogische Funktion	X						

Was die formale Seite betrifft, so gibt es bei Comic und Bilderbuch sowohl Übereinstimmendes wie Trennendes: Beiden gemeinsam ist, zugleich mit Bild- und Wortsignalen zu arbeiten; dazu treten eine Reihe von Kennzeichen, die speziell für Comics gelten wie Bildaneinanderreihungen, Bildkästchen in verschiedensten Formen, Sprech- und Denkblasen, Pengsprache, Bildsymbole, Geräuschwörter, Bewegungslinien, unterschiedlich große Schrifttypen u. a.

Aber hier hat sich zwischenzeitlich eine Annäherung ergeben. Viele Bilderbuchkünstler nutzen diese comictypischen Stilmittel und bauen sie in ihre Werke ein. Als Beispiele seien genannt: Maurice Sendaks „In der Nachtküche" oder

„Ein lieber böser Köter", Janoschs „Gliwi und Globerik",
Raymond Briggs „Der Mann" oder „Strahlende Zeiten",
David Hughes „Macker" und besonders Yvan Pommaux,
der drei altbekannte Grimmsche Märchen als Kriminalfälle
neu erzählt und dabei auf die Figur eines Detektivs namens
John Chatterton zurückgreift, der in den 50er Jahren ein beliebter Comic-Held war. Im übrigen hat sich ja auch schon
die Mischform, das *„Comic-Bilderbuch"*, etabliert und ist
als eigene Gattungsbezeichnung inzwischen literatur- und
salonfähig geworden.

Comic und Bilderbuch unterscheiden sich allerdings immer
noch erheblich bezüglich des Ansehens, das sie bei Eltern
und Lehrern genießen. Kritische Äußerungen wie „Comics
sind billige Vergnügungen und tragen zur Verdummung der
Kinder und Jugendlichen bei" oder Verdächtigungen wie
„Comics verleiten zu oberflächlichem Konsum und beein-
trächtigen die Lesefähigkeit" sind noch längst nicht vom
Tisch, obgleich man sich von verschiedenen Seiten sichtlich
bemüht, den Comics die Anerkennung zukommen zu lassen, die ihnen gebührt, nämlich ein legitimes Ausdrucksmit-
tel der Zeit zu sein.

Eines ist sicher: Die Rezeptionsweise bei Comics und Bilderbüchern ist verschieden; sie stellen an den Leser spezifische Anforderungen.

- Ein Bilderbuch liest das Kind, wenn es für interessant genug gehalten wird, gründlich und genau; es geht der Reihe
  nach vor, Seite für Seite und Bild für Bild, um sich die
  Spannung möglichst bis zum Schluß zu erhalten. Oft wird
  ihm das Bilderbuch auch laut vorgelesen; dann freut es
  sich über den Wortklang und die Musikalität der Sprache,
  läßt sich überraschen von den Wendungen im Handlungs-
  ablauf und den eindrucksvollen Illustrationen.

- Davon abgesehen, daß sich ein Comic kaum fürs Vorlesen
  eignet, ist auch die Lese- und Betrachtungsweise anders

geartet. Hier springt das Kind von Bild zu Bild, verzichtet durchaus immer wieder einmal auf den erklärenden Text, weil es gelernt hat und in der Lage ist, vieles auch ohne die Textbeigabe allein über die Bilder zu erschließen. Der Lesevorgang geht also weniger kontinuierlich und flüssig, vielleicht auch weniger genau vonstatten. Dieses insgesamt wohl mühelosere Lesen kann zur Folge haben, daß man sich über den Inhalt auch weniger Gedanken macht und über manche gewalttätige oder beängstigende Passage leichter hinwegkommt.

Das darf nicht dazu verleiten, diese Rezeptionsart als primitive und bornierte Vorform des eigentlichen Lesens abzutun. Abgesehen davon, daß sie den Kindern Spaß bereitet und ihren Bedürfnissen offensichtlich sehr entgegenkommt, ist ihre propädeutische Bedeutung für das bessere Verstehen von bewegten Bildern auf Bildschirm und Leinwand nicht zu unterschätzen. Die Comicrezeption ist nahe verwandt mit der des Kinos und Zeichentrickfilms. Das hängt u. a. mit der temporeichen und zeitraffenden Darstellung des Handlungsablaufs zusammen oder mit der Verwendung filmischer Grundeinstellungen (von weit bis Detail) und Perspektiven (von oben, unten, vorn . . .) im Comic. Man kann einen Comic mit einem zu Papier gebrachten Filmstreifen vergleichen, der durch kurze Erzähltexte und Symbole angereichert ist.

Rund 200 Jahre ist es her, daß Friedrich Justin Bertuch das Bilderbuch als ein „für eine Kinderstube . . . ebenso wesentliches und vielleicht noch unentbehrlicheres Meuble als die Wiege, die Puppe und das Steckenpferd" bezeichnete und das Bedürfnis nach ihm auch für „die reifere Jugend" gar noch einleuchtender hielt. Daran hat sich bis heute nichts geändert. Für die Erzieherinnen in den Kindergärten war dies ohnehin nie eine Frage; für die Lehrerinnen und Lehrer in den Grundschulen schon eher. Aber inzwischen scheint sich auch hier die Erkenntnis durchzusetzen, daß das moderne, zeitgenössische Bilderbuch alles andere als „Kleinkinderkram" ist, sondern ein willkommener und durchaus attraktiver Unterrichtsgegenstand sein kann, der die Monotonie eines rein lesebuchorientierten Literaturunterricht beseitigen hilft und durch den Themen in den Mittelpunkt rücken, die im Lesebuch zu kurz kommen. Auch der Comic wird in der Schule nicht mehr totgeschwiegen oder aus dem Lesebuch verbannt. Allerdings reicht es nicht, wenn Bilderbücher in die klasseneigene Bücherei aufgenommen und nur als Lückenbüßer, Pausenfüller und zur Belohnung für „wirkliches", anstrengendes Lernen verwendet werden. Ebensowenig genügt es, den einen oder anderen Comic im Lesebuch als eine etwas exzentrische Textgattung hin- und lehrplanverpflichtet anzunehmen und ihn den Kindern als Schnellimbiß anzubieten, den man – zur Auflockerung und zum Vergnügen – im Vorbeigehen „genießen" darf, bevor wieder zum „eigentlichen Unterricht" übergegangen wird. Nein, Bilderbuch wie Comic sind als Medien zu verstehen, mit denen die Kinder produktiv und kreativ „umgehen" sollen – am besten nach der Art von „Wir gestalten gemeinsam ein eigenes Bilderbuch" bzw. „Wir machen unseren Comic selbst".

D = Didaktik

Brauchen wir eine eigenständige Didaktik der Kinderliteratur?

Die Entwicklung, die das Kinder- und Jugendbuch als Unterrichtsgegenstand über die vergangenen drei, vier Jahrzehnte genommen hat, stellt sich als Erfolgsgeschichte par excellence dar. Wer in den 60er Jahren sein Lehrerstudium absolvierte, erfuhr so gut wie nichts von der Möglichkeit und den didaktischen Verfahren, einmal ein ganzes Buch mit seiner Klasse zu lesen. In den Schulen spielte die damals so genannte „Ganzschrift" – von den Bemühungen einiger engagierter, kinderbuchversessener Lehrerinnen und Lehrer einmal abgesehen – eine bescheidene Nebenrolle. Sie lag im tiefen Dornröschenschlaf. Sicherlich: Es gab inzwischen das sehr verdienstvolle Standardwerk „Jugendschrifttum" (später umbenannt zu „Jugendliteratur") von Karl Ernst Maier. Aber in diesem Fachbuch wurde die didaktische-methodische Seite nur gestreift. Neuen Schwung brachten dann die Bücher und Fachartikel der 70er und 80er Jahre von Malte Dahrendorf und Gerhard Haas.

Seitdem ging es mit dem Thema „Kinder- und Jugendliteratur" bergauf. Es wurde mehr und mehr zum Modethema. Von überallher, vor allem von pädagogischer, psychologischer, literaturwissenschaftlicher und didaktischer Seite, sprang man auf den Zug auf. Und heute ist das Kinder- und Jugendbuch ein vielbegehrtes Objekt der Forschung und ein vielbeackertes Feld der praxisorientierten Auseinandersetzung. Mit Fachliteratur zu diesem Thema lassen sich mittlerweile ganze Regale füllen, und selbst Spezialisten fällt es zunehmend schwerer, sich den Überblick zu bewahren.

Auch in der Schule hat sich das Blatt gewendet. Das Interesse, das Lehrerinnen und Lehrer dem Kinder- und Jugendbuch als Unterrichtsmedium entgegenbringen, ist zwischenzeitlich spürbar gewachsen. Jahrzehntelang war das Kinderbuch ein Stiefkind innerhalb der Leseerziehung und stand im Schatten des übermächtigen Lesebuchs. Nun rückt es immer stärker in den Vordergrund und schickt sich an, den Platz im Schulalltag einzunehmen, der ihm zusteht.

Die Gründe für diese Entwicklung sind vielfältig; herauszuheben sind – neben der angesprochenen zunehmenden Beachtung seitens der Wissenschaft und der damit verbundenen verbesserten Aus- und Fortbildung der Lehrer – folgende drei:

- Bei immer mehr Lehrerinnen und Lehrern hat sich die Erkenntnis durchgesetzt, daß der bloß lesebuchorientierte Leseunterricht heutzutage bei weitem nicht mehr genügt, um aus Kindern Buchleser zu machen.

- Immer mehr Lehrerinnen und Lehrer haben feststellen können, daß den Kindern des Lesen ganzer Bücher sehr willkommen ist und sie es attraktiver finden und zumeist spannender, interessanter und abwechslungsreicher als das Lesen von Lesebuchtexten.

- Das Angebot ansprechender und zugleich anspruchsvoller Literatur für Kinder ist unerhört breit geworden. Dazu kommt als weiterer großer Vorteil, daß fast alle für den Unterricht geeigneten Bücher auch als Taschenbuch – somit zu einem „sozialen" Preis – auf dem Markt sind; die Beschaffung von Büchern stellt also keine unzumutbare finanzielle Belastung dar.

Das bis dahin in den Lehrplänen teils vergessene, teils verschämt angefügte und zuletzt genannte Lernziel „Kinder- und Jugendbücher kennenlernen" hat sich zwischenzeitlich bei dem Großteil der Lehrer zu einem ganz wesentlichen und unverzichtbaren Lerninhalt ihrer schulischen Arbeit gemausert. Auch Projekte wie Buchwochen und Autorenlesungen, die Gestaltung von Buch- und Lese-Ecken im Klassenzimmer, die Durchführung von literarischen Exkursionen in Büchereien und Buchhandlungen, die Beteiligung an Lesewettbewerben oder an Aktionen wie „Das lesende Klassenzimmer" werden zunehmend beliebter, der Ruf nach besser bestückten und fachlich betreuten Klassen- und Schulbibliotheken immer lauter. In keinem der neu erstellten Lehrpläne wird seitdem versäumt, auf die Bedeutung des Kinder- und Jugendbuches hinzuweisen und die Lehrer zum Lesen von Kinder- und Jugendbüchern anzuhalten, ja zu verpflichten.

Das lesende Klassenzimmer lacht sich kaputt

Ausschreibung

Aktion Das lesende Klassenzimmer   Wettbewerb 1996

Auf den Punkt gebracht läßt sich die gegenwärtige Situation bezüglich der Einbeziehung von Kinder- und Jugendbüchern in den Unterricht so beschreiben: Bei den meisten Lehrerinnen und Lehrern gehört es inzwischen zur gängigen Schulpraxis, im Laufe eines Jahres zusammen mit der Klasse wenigstens einmal ein Kinderbuch zu lesen!

In dieser für die Kinder- und Jugendliteratur so positiven Lage fällt auf, daß es aus unerfindlichen Gründen bisher noch niemandem gelungen ist, eine systematisch angelegte spezielle „Didaktik der Kinder- und Jugendliteratur" für Grund- und weiterführende Schulen zu verfassen.

Ansätze und Vorarbeiten dazu gibt es genug. Die Bücher von Krüger („Kinder- und Jugendbücher als Klassenlektüre" 1963), Franz/Meier („Was Kinder alles lesen" 1978), Grützmacher („Didaktik der Jugendliteratur" 1979), Dahrendorf („Kinder- und Jugendliteratur im bürgerlichen Zeitalter" 1980 und „Vom Umgang mit Kinder- und Jugendliteratur" 1996), Baumgärtner/Watzke („Wege zum Kinder- und Jugendbuch" 1985), Dolle-Weinkauff/Ewers („Theorien der Jugendlektüre" 1996), Sahr („Leseförderung durch Kinderliteratur" 1998), Gansel („Moderne Kinder- und Jugendliteratur" 1999) und zuletzt das von Günter Lange herausgegebene zweibändige „Taschenbuch der Kinder- und Jugendliteratur" (2000) mögen als Beispiele genügen.

Besonders umfangreich ist die Fachliteratur über theoretisch fundierte und praxiserprobte Unterrichtsvorschläge und Stundenbilder zu ausgewählten Kinder- und Jugendbüchern. Erwähnenswert sind in diesem Zusammenhang die Bücher von Karst („Kinder- und Jugendlektüre im Unterricht" 1978 und 1979), Brenner/Kolvenbach („Praxishandbuch Kinder- und Jugendliteratur" 1982), Landherr („Das Kinder- und Jugendbuch in der Schule" 1984), Steffens („Prosaformen der Kinderliteratur" 1986), Sahr („5 × Kinderbücher im Unterricht" 1994), Richter/Hurrelmann

(„Kinderliteratur im Unterricht" 1997) und Merkelbach („Romane im Unterricht" 1998 und 1999).

Dennoch: Ein theoretisch überzeugendes und praktisch anwendbares Gesamtkonzept, eine spezielle Didaktik der Kinder- und Jugendliteratur ist bisher noch nicht geschrieben. Wer immer sich dieser Aufgabe stellt, müßte – das altbekannte Modell des didaktischen Dreiecks von Heinrich Roth vor Augen – mindestens folgende drei Aspekte berücksichtigen, die bei der unterrichtlichen Arbeit mit ganzen Büchern von Bedeutung sind:

- *Autor/Buch* als Objektpol: inhaltliche Aussagen und angesprochene Probleme, Erzählstil und Wirkungsabsichten, kompositorische Struktur und formale Gestaltung

- *Leser/Schüler* als Subjektpol: seine anthropologisch-psychologischen und soziokulturellen Voraussetzungen, seine Fähigkeiten und Vorlieben bezüglich der Rezeption und Verarbeitung von Literatur

- *Lehrer/Vermittler,* der für eine möglichst effiziente Verbindung zwischen beiden Polen zu sorgen hat: seine Überlegungen zur Auswahl und Bewertung von Kinder- und Jugendbüchern, seine Zielsetzungen und didaktischen Möglichkeiten wie Unterrichtsverfahren, Lehr- und Lerntätigkeiten, Sozialformen usw.

Jeder, der sich theoretisch mit Kinder- und Jugendliteratur auseinandersetzt und praktisch mit Kinderbuchprojekten befaßt, wird sich auf dieses didaktische (Minimal-)Modell, das man selbstverständlich nach allen drei Richtungen hin ausdifferenzieren kann, einlassen müssen:

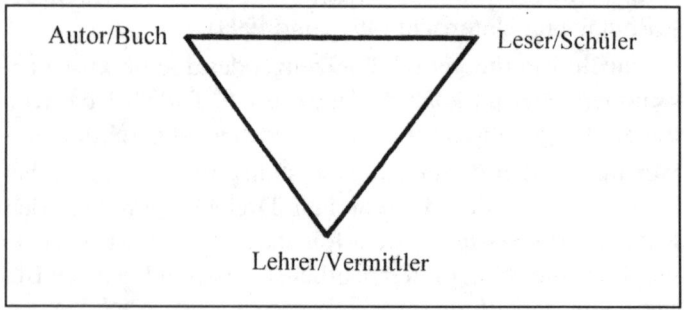

Die Darstellung macht deutlich, daß die Eckpunkte dieses Dreiecks in enger Verknüpfung zueinander stehen und jede einzelne Komponente mit jeder anderen verbunden ist. Eine der Hauptschwierigkeiten beim Verfassen einer Didaktik der Kinder- und Jugendliteratur wird sein, den Eindruck zu vermeiden, als könnten diese drei Aspekte problemlos voneinander getrennt werden, stünden möglicherweise gar in einer hierarchischen Ordnung.

Aber all dies sind offensichtlich voreilige Fragen, Überlegungen, die einen Schritt zu weit gehen; denn derzeit ist es unter den Fachleuten ja nicht einmal sicher, ob es überhaupt eine eigenständige und spezielle Didaktik der Kinder- und Jugendliteratur geben soll, ob eine Didaktik dieser Art überhaupt gebraucht wird und – wenn ja – wie ihr Verhältnis zur allgemeinen Literaturdidaktik zu verstehen ist.

Es sind drei Positionen – eine extreme (die nicht sonderlich ernst zu nehmen ist) und zwei sich kontrovers gegenüberstehende Einstellungen – zu dieser Frage feststellbar:

Erstens: die extreme Position „Verbannung"

Hier geht man von der Vorstellung aus, daß das Lesen ganzer Bücher im Literaturunterricht nichts zu suchen habe. Alwin Binder vertritt ab und an diese Meinung und Katharina Rutschky hat sich mehrfach in dieser Weise geäußert („Lesen ganzer Bücher ist Privat- und nicht Schulsache!"). Verschiedene Schriftsteller – wie etwa Christine Nöstlinger – wehren sich vehement gegen eine „Verschulung" und „pädagogische Indienstnahme" ihrer Texte. Natürlich verwahren sich die Didaktiker gegen die Unterstellung, Kinder durch die Lektüre von ganzen Büchern instrumentalisieren zu wollen.

Nicht weniger abwegig ist die Vorstellung, gute Bücher setzten sich von allein, ohne Vermittlungshilfe durch. Wer davon ausgeht, ein „richtig" ausgewählter Text müsse die Kraft haben, seine Wirkung auch ohne besondere unterrichtliche Aufbereitung zu entfalten, wer eine Didaktisierung für überflüssig erachtet und einer „Selbstlauf-Hoffnung" vertraut, befindet sich auf dem Holzweg. Er übersieht, daß manches wichtige Kinderbuch ohne den Einfluß und das methodisch geschickte Eingreifen der Lehrer und ohne den Wirkraum der Schule nur eine kleine, unbedeutende Rolle spielen würde.

Zweitens: die Position „Einverleibung"

Die Existenz einer eigenständigen „Kinder-Literatur-Didaktik" wird als überflüssig angesehen. Man behauptet selbstbewußt den Alleinvertretungsanspruch einer allgemeinen Literaturdidaktik und geht von der Devise aus: Ein guter Fachdidaktiker für Literatur ist immer auch gleichzeitig ein guter Spezialdidaktiker für Kinder- und Jugendliteratur. Heinz-Jürgen Kliewer hat sich kürzlich für diese Position ausgesprochen und eine Abkehr vom Spezialistentum zugunsten eines literaturdidaktischen Universalismus gefordert. Das Ergebnis seiner Überlegungen läßt sich auf die Formel bringen: Die Didaktik der Kinderliteratur möge sich überflüssig machen und in der einen Literaturdidaktik aufgehen.

Drittens: die Gegenposition „Gleichstellung"

Vertreter dieser Auffassung (dazu gehört auch der Verfasser dieser Zeilen) gehen davon aus, daß neben der schon existierenden Literaturdidaktik auch eine eigenständige „Kinder-Literatur-Didaktik" nötig sei und selbstverständlich gebraucht werde; begründet wird dies damit, daß allgemeine Literaturdidaktik und spezielle „Kinder-Literatur-Didaktik" bezüglich der Auseinandersetzung mit den Zielen und Inhalten, vor allem aber bei der Frage der Lehrbarkeit, der Lernvoraussetzungen und der Methoden sich unterscheiden und voneinander abweichen.

Anhänger dieser dritten Position befinden sich allerdings in einer – zugegeben – vertrackten Lage. Es droht ihnen ständig die Gefahr, entweder die „Didaktik" oder die „Literatur" oder die „Kinder" zu verfehlen. Die Didaktik verpassen sie beispielsweise dann, wenn sie zu wenig den modernen Forderungen nach aktivierenden und kreativitätsfördernden Verarbeitungsformen und nach offenen, freieren, „entschulteren" Umgangsweisen nachkommen, die Literatur, wenn sie deren künstlerischen Eigenwert zu wenig beachten, und die Kinder, wenn sie sich zu wenig um deren psychologische Befindlichkeit und deren literarische Interessen, Wünsche und Bedürfnisse kümmern.

Wer aber bereit ist, an eine eigenständige „Kinder-Literatur-Didaktik" zu glauben, der muß von einer Grundlage ausgehen, die den Ansprüchen moderner Didaktik ebenso entspricht wie sie dem Wesen der Literatur und dem Wesen der Kinder gemäß ist. Das „Geheimnis" guten Unterrichts liegt in der Balance zwischen diesen drei Aspekten. Sie immer im Auge zu behalten und bei der Planung und Durchführung ihrer Leseprojekte (wenigstens annähernd) zu finden, sollte Ziel all jener Lehrerinnen und Lehrer sein, für die der Umgang „mit ganzen Büchern einheitlichen Inhalts" – einer hundert Jahre alten Forderung von Heinrich Wolgast – zu einer ebenso wichtigen wie reizvollen Aufgabe geworden ist.

E = Erziehung

Kinderbücher als „Erziehungshilfen"?

Literaturunterricht anno 1920 spielte sich zumeist so ab, wie
es Hans Mayer in seinem Erinnerungswerk „Ein Deutscher
auf Widerruf" beschrieb: „Nach der Lektüre der neuen Le-
senummer im amtlichen Lesebuch, die irgendein Aufgerufe-
ner heruntergestottert hatte, kam die stets gleiche Frage:
'Was meint der Dichter damit?' Das wurde beamtenhaft da-
hingefragt; irgendeine geistige Neugierde wurde weder geboten noch erwartet. Alles war Schulpensum. ... Was sich
angeblich dahinter verbarg, das vor allem war zu eruieren.
Als Sinn, Symbol, in den schönsten Fällen als beherzigens-
werte und anwendbare Lehre."

Damit ist sehr treffend eine Literaturdidaktik veranschaulicht, die sich in schulmeisterlicher Weise als „pädagogische
Lebenshilfe" verstand. Nach dem zweiten Weltkrieg knüpfte
man an diese Vorstellung an, sie dominierte daraufhin wieder eine Zeitlang. Literaturunterricht wurde zum Fach der
„Lebenslehre" erklärt. Über die Literatur sollten die Kinder
vor allem mit vorbildhaftem Verhalten konfrontiert werden.
Autoren wurden als Hilfslehrer, Leser als Mündel, Texte als
Transportmittel für moralische Orientierung, für Normen
und Werthaltungen, Leitbilder und Lebensweisheiten begriffen.

Daß dieser *„Lebenshilfeansatz"* auf Dauer nicht haltbar
war, weil er das Wesen von Literatur verengt und verfehlt,
wurde im Laufe der 60er Jahre immer offensichtlicher. Man
stellte nun andere Funktionen in den Mittelpunkt, erst die
ästhetische, dann die (gesellschafts-)kritische, die kommu-
nikations-, rezeptions- und neuerdings die produktions- und
handlungsorientierte Seite, und rückte mehr und mehr von

der Vorstellung ab, Literaturunterricht dürfe mit den Zielen
der Pädagogik in Verbindung gebracht werden.

In einer anders akzentuierten, gemäßigteren Form aber hat
der Gedanke einer pädagogischen Beeinflussung der Kinder
durch Literatur dennoch eine gewisse Berechtigung und seinen Reiz behalten. Kinder gelangen zu Erkenntnissen über
sich und ihre Wirklichkeit nicht nur über unmittelbar Gege-
benes, „Erlebtes"; vieles geht ja doch auch auf mittelbar Ge-
gebenes, u. a. auf „Beschriebenes und Gelesenes", zurück.
Bücher als „Erziehungshilfen"? Ja, in dem Sinne, daß die
Lektüre befreiend wirken kann, indem sie dem jungen Leser
dabei hilft, das eigene Selbst zu entdecken und zwischen-
menschliche Zusammenhänge besser zu verstehen.

Joachim Fritzsche hat in seiner dreibändigen „Didaktik und
Methodik des Deutschunterrichts" die alte Unterscheidung
zwischen *„Erziehung durch Literatur"* und *„Erziehung zur
Literatur"* wieder aufgegriffen und herausgekehrt, daß diese
beiden Richtziele des Literaturunterrichts in einem Begrün-
dungs- und Abhängigkeitsverhältnis stehen. „Erziehung
durch Literatur" darf aber nun nicht falsch verstanden werden, nämlich so als verfolge die Literatur an sich und zu allererst pädagogische Absichten (wie es in den Fabeln, den
„Tugendbüchlein" und frühen Gedichten für Kinder der Fall
war); vielmehr ist lediglich gemeint, daß der Begegnung mit
Literatur eine positive Funktion beim Aufwachsen eines
Menschen zukommt. Lesen ist im weitesten und unbestimm-
testen Sinne „irgendwie gut" für Kinder. So verfehlt die Vorstellung einer *lebensdienenden* Ausnutzung der Literatur
auch sein mag, eine *lebensbereichernde* und die Wirklichkeit der Kinder tangierende Rolle kann man ihr nicht ab-
sprechen. Jeder (Literatur-)Lehrer geht – mehr oder weniger bewußt – davon aus, daß der junge Leser etwas von der
Lektüre „haben" wird, daß Lesen sinnvoll ist, weil es kognitive und emotionale Lernprozesse in Gang setzen, informie-

ren und/oder unterhalten, Werte und Normen vermitteln, Einstellungen und Verhaltensweisen beeinflussen kann. Erst unter dieser Voraussetzung läßt sich eine „Erziehung zur Literatur" rechtfertigen. Nur wer von der Wichtigkeit des Lesens für junge Menschen überzeugt ist, wird sich auch in der richtigen Weise um das Erlernen und den Gebrauch dieser „Kulturtechnik" bemühen.

Wenn man die Frage nach der pädagogischen Funktion auf den Sonderaspekt der Kinder- und Jugendliteratur zuspitzt, dann stößt man unweigerlich auf die Kontroverse, die Gerhard Haas, ein Verfechter des literarästhetischen Standpunktes, und Bettina Hurrelmann, eine Vertreterin des pädagogisch-didaktischen Standpunktes, vor Jahren in der Zeitschrift „Praxis Deutsch" ausgetragen haben.

Haas kritisierte heftig die Behauptung Hurrelmanns, die Kinder- und Jugendliteratur sei eine wichtige Quelle der Erziehungs- und nicht der Literaturgeschichte. Für ihn ist ein Kinderbuch zu allererst ein künstlerisches Gebilde. Benützt man es lediglich als pädagogischen Gebrauchsgegenstand, verliert es seine künstlerische Originalität und gestalterische Gültigkeit und degeneriert.

Die Lösung des Problems „pädagogische oder literarästhetische Funktion" liegt auf der Hand: Man muß sich – mit Haas – gegen eine Diktatur der Erziehungsinhalte ebenso wehren wie – mit Hurrelmann – gegen das einseitige Hervorkehren der ästhetischen Autonomie. Eine Mittelposition ist angesagt, bei der statt des „Contra" ein ergänzendes „Und" gesetzt wird.

Im Zusammenhang mit der Frage, ob und inwiefern kinderliterarische Texte als pädagogisch interessante Medien zur Unterstützung von Erziehungsprozessen im Unterricht wahrgenommen werden dürfen, sind die sogenannten *Problembücher* von besonderem Interesse. Damit ist jene Untergruppe der realistischen Kinder- und Jugendliteratur ge-

meint, bei der Ereignisse und Konflikte aus der kindlichen
Lebenswirklichkeit nicht ausgeklammert oder nur beiläufig
und am Rande erwähnt werden, sondern mit einer gewissen
Ernsthaftigkeit und Konsequenz in den Geschehensmittel-
punkt rücken. Dazu die folgenden drei Thesen:

1. These:

*Kinder werden heute in eine immer schwerer zu verstehende
und zu „beherrschende" Welt hineingeboren; die Schule
darf und kann sich einer Auseinandersetzung mit den Problemen der Kinder nicht entziehen.*

Unmutsbekundungen von Eltern, Lehrern und Erziehern
über Problemkinder, über ungehöriges Verhalten im Eltern-
haus, in der Schule und in der Öffentlichkeit gibt es aus jedem Jahrhundert bis in die Antike. Konflikte zwischen Erwachsenen und Heranwachsenden sind so alt wie die
Menschheit. Dennoch dürften sich die Klagen der Eltern
und Lehrer über schwer erziehbare Kinder – die Palette
reicht vom ständig dazwischenredenden, über das hyperak-
tive bis zum stark aggressiven Kind – und die Schwierigkeiten, mit ihnen „fertig" zu werden, kaum einmal so gehäuft
haben wie in den letzten Jahren. Es gibt weit und breit keinen Lehrer, der nicht mehr oder minder häufig über Pro-
blemschüler in seiner Klasse klagt, auch darüber, daß ernste
und eindringliche Mahnungen, überlegte Maßnahmen, ja
sogar drastische Strafen nichts nützen. Früher beschränkte
sich das auf die weiterführenden Schulen, heute gilt es auch
für die Grundschule und die Vorschule. Die Zahl der verhal-
tensauffälligen Schüler dürfte gegenwärtig um die 20 % herum liegen; manche sprechen auch von 30 % und mehr.

„Kinder" – so Hartmut von Hentig – „kommen heute in die
Schule mit einer durch ihre voraufgehende Erfahrung und
durch ihre Umwelt erschreckend unterentwickelten Fähigkeit zur Sozialität. Ihr Bedürfnis nach Geborgenheit, Zuge-

hörigkeit, Verläßlichkeit steht in umgekehrtem Verhältnis
dazu."

2. *These:*

Eine der Möglichkeiten, Kindern zu helfen, mit ihren Pro-
blemen besser zurechtzukommen, stellt der Umgang mit
Kinderbüchern dar; wohl deshalb bevorzugen Lehrerinnen
und Lehrer bei der Auswahl von „Ganzschriften" für den
Unterricht auch so eindeutig das problemorientierte Kinder-
buch.

Fragt man nach den Gründen, warum Lehrerinnen und Lehrer das Problembuch als Klassenlektüre favorisieren, so erklären sie, daß mit der Lektüre solcher Bücher dem Schüler
beim Erfassen und Bewältigen der eigenen Lebensschwie-
rigkeiten geholfen werden kann. U. a. eignen sie sich ausgezeichnet als Anstoß für Problemgespräche und -diskussio-
nen.

Bei Lesen derartiger Bücher erfahren die Kinder, daß sie
nicht allein sind mit ihren Problemen, sondern daß andere
ähnliche Konflikte austragen wie sie selbst, manchmal noch
viel heftiger.

Sicherlich kann man entgegenhalten: Diejenigen Kinder,
die mit ähnlichen Schwierigkeiten kämpfen wie sie in den
Büchern beschrieben werden, erfahren dabei nur einen ge-
ringen Trost, denn an ihrer tristen, üblen Lebenssituation
ändert sich durch die Beschäftigung mit den Problemen einer Buchfigur kaum etwas. Aber die Wirkung, die von dieser
Art Lektüre ausgehen kann, sollte auch nicht zu niedrig angesehen werden. Die lesenden Kinder erhalten Orientie-
rungshilfen, um besser mit ihrem oft verwirrenden Lebens-
alltag zurechtzukommen, und Artikulationshilfen, um aus-
zudrücken, was sie bedrückt.

Und jene anderen Kinder, deren Lebensverhältnisse gut und
ungestört sind, könnten durch die Beschreibungen der All-

tagsprobleme unglücklicher Gleichaltriger für deren Nöte sensibilisiert werden und zugleich ihren Erfahrungshorizont durch das Kennenlernen ganz anderer Verhältnisse erweitern.

So betrachtet ist die schulische Lektüre von problemorientierten Kinderbüchern unter dem pädagogischen Aspekt nicht als Zumutung oder Verkennung der Aufgabe der Kinderliteratur zu verstehen, sondern als Chance, Kinder auf bestimmte Problemsituationen hinzuweisen bzw. sie (nicht nur gedanklich) darauf reagieren zu lassen. Die Suche nach „Verwertbarem", nach einem Lerngewinn bei der Lektüre ist gewiß nicht verwerflich, sofern man die Kinderliteratur nicht allein auf diese eine Funktion reduziert.

3. These:

Dabei sind drei Wege denkbar, wie das lesende Kind die Buchproblematik auf seinen eigenen Lebenszusammenhang übertragen kann: stützend, akzentuierend und vorgreifend.

Die Frage, ob die Heranwachsenden aus problemorientierten Büchern lernen werden und ob ihnen ein Transfer auf die eigene Welt möglich ist, kann nicht abschließend beantwortet werden. Es gibt keine Untersuchung, die dies zweifelsfrei nachweist. Aber sicher scheint, daß es vor allem drei Funktionen sind, mit denen man bei der Lektüre von Problembüchern rechnen darf:

● Erstens kann es sein, daß bereits wirkliche Erfahrungen zu dem Problembereich vorliegen und erworben wurden, und die Bucherfahrungen nun mit der schon vorhandenen Erfahrung verbunden werden. Hier wirkt der Text als nachträgliche Bestätigung einer Erfahrung und erfüllt eine stützende Funktion.

● Zweitens kann es sein, daß das Buch beim jungen Leser ein „Kontrasterlebnis" oder eine „kognitive Dissonanz" auslöst, die ihn in die Lage versetzen, seine – zwar schon vorhandene, aber bisher für unbedeutend gehaltene und unreflektierte – Erfahrung nach der Lektüre dieses Buches nun exakter zu bestimmen. Hier wirkt der Text als nachträgliche Präzisierung einer Erfahrung und erfüllt eine akzentuierende Funktion.

- Drittens kann es sein, daß das Buch ein Problem anspricht, zu dem der Leser bisher noch keinerlei Erfahrung sammeln konnte, ihm also zu ganz neuen Erfahrungen verhilft. Hier wirkt der Text als ein der wirklichen Erfahrung vorausgehender Entwurf und erfüllt eine vorgreifende Funktion.

Gleichgültig welcher der drei Wege für den Leser zutrifft, Möglichkeiten einer Übertragung der Buchsituation auf die tatsächliche Lebenssituation des Lesers und einer Einpassung der dargestellten Sachverhalte und Handlungsweisen in seinen individuellen Verwendungszusammenhang sind in allen drei Fällen denkbar.

Freilich: Es wäre geradezu fatal, zu behaupten, daß man durch die Lektüre von Büchern ein konkret vorliegendes Problem (der Armut, der Entfremdung, des Familienzerfalls, der Angst, der Aggressivität . . .) lösen kann. Aber mit ihrer Hilfe kann man die Probleme bewußt machen (dieses „Auf-den-Tisch-Bringen" ist der erste Schritt) und man kann auf sie reagieren lernen (das „Reden-wir-darüber" ist dann der zweite).

F = Filme für Kinder

Vom Buch zum Film – vom Film zum Buch

Kaum war der Film vor gut hundert Jahre „erfunden" worden, avancierte er auch schon bald zu einem Medium für Kinder. Die Magie des zunächst stummen, später tönenden „bewegten Bildes" auf der großen, weißen Leinwand im verdunkelten Raum verfehlte auch bei ihnen nicht ihre Wirkung. Die allerersten für Kinder geeigneten Filme hatten Märchen und Sagen zur Vorlage; bereits 1916 stand Asta Nielsen als „Aschenbrödel" vor der Kamera und im selben Jahr drehte Paul Wegener einen „Rübezahl"-Film. Die Zahl der seitdem produzierten Kinderfilme ist zwar stattlich, aber filmgeschichtlich bedeutsam sind nur wenige. Einen frühen Höhepunkt brachte die Verfilmung von Erich Kästners „Emil und die Detektive" im Jahre 1931 – zu Recht als erster deutscher Kinderfilm-Klassiker gewürdigt. An neueren herausragenden literarischen Kinderfilmen, also Filmen, die auf ein kinderliterarisches Werk zurückgehen und dieses – mehr oder weniger stark bearbeitet – für Kino oder Fernsehen inszenieren, seien „Vorstadtkrokodile" von Helmut Becker, „Ronja Räubertochter" von Tage Danielsson oder „Krücke" von Jörg Grünler genannt.

Als Unterrichtsmedium hat der „Kinderfilm" einen schlechten Ruf; er spielt bis heute eine lediglich marginale Rolle. Selbst die Erweiterung des Literaturbegriffs hin zu den „medialen Texten" vermochte die Ablehnung, mit der ihm die meisten Deutschlehrer begegneten, nur graduell zu verringern. Der Kinderfilm blieb ein Stiefkind der Deutschdidaktik. Gründe dafür schien es ja auch genug zu geben: Die einen brachten den 45-Minuten-Takt und den technisch-organisatorischen Aufwand vor, die anderen den fehlenden Lehrplanbezug und mangelnde Zeit, wieder andere kamen mit Argumenten wie „Filmesehen tötet die Phantasie!" oder

„Wer einem Medium, das die Kinder außerhalb der Schule in extremer Weise nutzen, im Unterricht Aufmerksamkeit schenkt, vergeudet wertvolle Zeit!" All dies sind – genau betrachtet – Ausflüchte und leicht widerlegbare Behauptungen.

Mit dem literarischen Kinderfilm ließe sich im Unterricht mit etwas didaktischer Phantasie eine Menge Positives und Sinnvolles anfangen – und dies bei großem Interesse und hoher Motiviertheit seitens der Kinder. Nur

- müßten zuvor die Berührungsängste, die Lehrer oft genug mit diesem Medium haben, abgebaut,

- müßte der Film als eigenständige und dem Buch gleichwertige ästhetische Kunstform akzeptiert,

- müßte eine Auseinandersetzung um Probleme der Filmbeurteilung vollzogen

- und müßten die Möglichkeiten der Leseförderung über Kinderfilme erkannt werden.

Zu erstens: Kinder mögen Filme – Lehrer wohl nicht!

„Die Schneekönigin" und „Frau Holle", „Pinocchio" und „Alice im Wunderland", „Mio, mein Mio" und „Momo", „Gullivers Reisen" und „Der kleine Prinz", „Tom Sawyers Abenteuer" und „Winnetou" ... sie alle gibt es auch im Kino, im Fernsehen, auf Video – besonders beliebte Stoffe gar mehrfach und in höchst unterschiedlichen Interpretationen. So existieren beispielsweise zu den Erich-Kästner-Büchern „Emil und die Detektive" sieben Verfilmungen (die neueste kam unter der Regie von Franziska Buch im Frühjahr 2001 heraus), zu „Pünktchen und Anton" vier und zum „Doppelten Lottchen" nicht weniger als zehn. Wenn es darum geht, Kindern Geschichten nahezubringen und zu erzählen, bedarf es heutzutage keines Buches mehr. Deutschlehrer haben zur Kenntnis zu nehmen, daß der Großteil ihrer Schüler Literatur heute nicht mehr über das Buch, sondern über an-

dere Medien, vor allem über Filme und Fernsehproduktio-
nen kennenlernt. Sie müssen endlich auf diese veränderte
Situation reagieren, können sich nicht länger der Aufgabe
verschließen, ihren Kindern bei der Rezeption und Verarbeitung von Filmen und Fernsehspielen zu helfen – nicht mit
dem Ziel, den Kindern ein paar schöne Stunden zu machen,
sondern um sie zu unterstützen, Filmbilder lesen, verstehen
und bewerten zu lernen und um ihnen beizustehen, die Orientierung über das ins Maßlose erweiterte Angebot an Filmen, Videos, Fernsehsendungen und Computerspielen
nicht zu verlieren.

Warum für die meisten Lehrer noch immer der gedruckte
Text als die dominierende und „edelste" Form gilt, um Geschichten zu vermitteln und zu erzählen, und warum die Li-
teraturverfilmung in der Schule immer noch zu den exoti-
schen Gegenständen zählt und ein Dasein am Rande fristet,
ist angesichts der Beliebtheit dieses Mediums bei Kindern
nicht recht einsehbar. Wahrscheinlich glauben die Lehrer,
dem bekanntermaßen viel zu hohen Fernsehkonsum der
Kinder auf diese Weise entgegenwirken zu können. Sie sehen es als ihre Pflicht an, die mangelnde Lesebereitschaft
der Schüler durch den verstärkten Einsatz von Lese- und
Kinderbüchern im Unterricht zu kompensieren und betrachten das Anbieten von Literaturverfilmungen als eine zusätzliche Gefahr, die Kinder vom Lesen abzuhalten und zum
Fernsehen zu animieren.

Bei einer eigenen kleineren Umfrage zeigte sich, daß Schüler sehr viel öfter im Unterricht Filme sehen möchten als
Lehrer es tatsächlich praktizieren. Und was die Absichten
der Lehrer betraf, die sie mit Filmvorführungen verbinden,
war festzustellen, daß die schulische Filmarbeit weitgehend
auf rezeptive Umgangsweisen eingeschnürt ist. Man zeigt einen Film vornehmlich als Belohnung für „harte" Unter-
richtsarbeit und in Zeiten, in denen Kinder wenig motiviert

sind für die Schule, also vor den Ferien und zum Schuljahres-
ende. Der Eindruck bestätigte sich, daß Formen der Filmverarbeitung, die die Produktivität der Schüler, ihre Sponta-
neität und Phantasie entfalten könnten, nur eine geringe
Rolle spielen und kaum bedacht werden.

Zu zweitens: Buch-Film-Vergleich

Bei einer Gegenüberstellung von Buch und Film bezüglich
der Präsentationsform (beim Buch über das gedruckte Wort,
beim Film über die Kombination von Wort, Bild und Ton),
der Produktions- und Rezeptionsart (hier monologisch, dort
kollektiv), des zugeschriebenen Prestiges (das Buch als se-
riöses Kulturmedium, der Film als flaches Massenmedium)
oder der bevorzugten Funktionen (hier Wissensbereiche-
rung, dort Vergnügen, Spaß und Spannung) zeigt sich, daß
sich beide Medien in gravierender Weise voneinander unterscheiden. Zugleich sind Buch und Film aber auch eng ver-
wandte Medien. Beide leben voneinander, beide haben einander nötig. Film und Fernsehen sind auf Texte (literarische
Vorlagen, Drehbücher) angewiesen, und dem Buchautor
bringt eine mögliche Verfilmung zusätzliche (auch finanzielle) Anreize zum Geschichtenerfinden. Allerdings ist die
Symbiose zwischen Buch und Film schieflastig, denn der
Film ist von Texten weitaus stärker abhängig als Texte vom
Fernsehen. Das zeigt schon ein Blick in die Geschichte des
Films: Von Anfang an tritt die Literatur als „Stofflieferant"
auf; ohne (kinder-)literarische Vorlagen ist seine Entwicklung und Existenz nicht recht vorstellbar. Und in aller Regel
hat sich die Erwartung der Filmproduzenten auch als richtig
erwiesen, daß Kinder eine Geschichte, die sie in dem einen
Medium schätzen gelernt haben, auch in einem anderen Medium kennenlernen wollen.

Ein moderner Lese- und Literaturunterricht muß Buch wie
Film als eigenständige und gleichberechtigte ästhetische
Produkte verstehen. Bezogen auf den Kinderfilm bedeutet

dies, sich endlich von Verdächtigungen und falschen Erwartungen frei zu machen. Negative Einschätzungen wie „Wo
aber bleibt noch ausreichend Spielraum für die Phantasie;
wo bleibt Zeit zum Nachdenken; wo gibt es die Möglichkeit,
eigene Sichtweisen zu entwickeln? Alles und jedes ist vorge-
geben, ... mit Ausnahme der Gerüche!" (Otfried Preußler),
„Verfilmung engt ein und legt durch fotografische Genauig-
keit fest, hebt die Kompositionsaktivität der Lektüre auf"
(Albrecht Weber) oder „Filme betreiben Zerstörung, denn
an die Stelle des Geheimnisses, in welchem sich der Kinder-
traum bewegt, tritt der Trick, d. h. die verdorbene Wirklichkeit" (Romano Guardini) sind als Vorurteile zu entlarven
und zugunsten einer positiven Sichtweise aufzugeben, wie
sie in Äußerungen wie dieser beispielhaft zum Ausdruck
kommt: „Kinder brauchen alles, was kreativ macht. Brauchen Bücher zum Lesen und Phantasieren. Brauchen Hör-
stücke, bei denen sich jeder selbst denken kann, wie die
Leut' aussehen. Und brauchen richtige echte Kinofilme –
und wenn es nur um Zwecke wär', daß sie Bilder sortieren
lernen und Storys verstehen" (Katrin Lange). Es ist an der
Zeit, endlich zu akzeptieren, daß gute Filme durchaus phan-
tasieanregend und kreativitätsfördernd wirken können, individuelle Auslegungen und vielfältige Deutungen zulassen.
Für die großen Regisseure wie Jean Cocteau bestanden nie
Zweifel darüber, daß der Film „ein wunderbares Mittel der
Poesie" sei.

*Zu drittens: Was ist ein guter, empfehlenswerter Kinder-
film?*

Natürlich ist der Vorwurf, daß Verfilmungen von Kinderbüchern oft nicht die rechte Form finden und verurteilenswür-
dige Lösungen darstellen, nicht von der Hand zu weisen. Es
ist auf dem Gebiet der Kinderfilm-Bewertung besonders
schwierig oder gar aussichtslos, eine Art Meßlatte zu finden.
Auf wenigstens *einen* neuralgischen Punkt bei der Über-

setzung einer Buch- in eine Filmfassung und einen damit in Verbindung stehenden Hauptfehler sei an dieser Stelle hingewiesen.

Die Regel ist: Man erwartet, ja verlangt von einem Filmregisseur, daß er dem Zuschauer eine Adaption der literarischen Vorlage liefert, die in völliger Gleichwertigkeit zum Original steht; „Werktreue" nennt man dies fälschlicherweise. Wer dies fordert, übersieht, daß es unmöglich ist, die im Text ausgedrückten Vorstellungen in einem 1 : 1-Verhältnis in der Sprache des Filmes wiederzugeben. Nötig ist vielmehr eine Art Neuschöpfung.

Nun hat jeder schon erfahren müssen, wie ein literarisches Original in der filmischen Übersetzung zu einem traurigen Produkt verkam (der Hinweis auf die Verfilmung von Michael Endes „Unendlicher Geschichte" mit seiner vom ersten bis zum dritten Teil zunehmenden Verflachung und Verzerrung der literarischen Vorlage mag genügen).

Am Anfang einer jeden filmischen Adaption steht eine Art „Verrat". Soll aus einem Roman ein guter Film entstehen, muß der Regisseur Wörter, Sätze, ganze Passagen streichen und andere hinzufügen, muß er unerwünschte Figuren und Tendenzen weglassen und neue einführen, muß er umstellen, ignorieren, ausbauen und unterschlagen … Jede Übersetzung in ein anderes Medium fordert von ihm eine Deutung, eine Kommentierung, eine bestimmte Interpretation und damit eine Vernachlässigung aller anderen möglichen Lesarten, Deutungs- und Interpretationsmöglichkeiten. Im besten Fall ist es ein „Verrat" unter Freunden. Dem Regisseur muß es gelingen, die Worte und Handlungen so zu verändern, daß sie in den Bildern bewahrt bleiben.

Wäre die filmische Übersetzung einfach nur ein Austauschvorgang von einer medialen Ebene zur anderen, würde sie nicht mehr Möglichkeiten bieten als die Anfertigung einer Kopie, einer Abschrift mit „anderen Worten." Kein ernst zu

nehmender Filmregisseur begnügt sich mit einer buchsta-
bengenauen Übertragung, einer bloßen Verbildlichung der
zwischen zwei Buchdeckeln erzählten Handlungsfolge. Eine
Verfilmung, bei der der Betrachter gewissenmaßen Wort für
Wort und Seite für Seite im Buch „mitlesen" kann, ist unbe-
friedigend und zudem langweilig. Bille August, der die „Bu-
ster"-Bände von Bjarne Reuter sehr schön verfilmt hat, sagte in einem Interview: „Man gelangt bei der Drehbuchent-
wicklung notwendigerweise an einen Punkt, wo man nicht
mehr auf das Buch zurückschauen darf, sonst wird der Film
nichts ... Es kann nicht darum gehen, den Buchstaben der
Handlung treu zu bleiben, wohl aber ihren Grundzügen und
zentralen Ideen. Darin liegt die Integrität einer Arbeit, die
Treue, die ein Film einem Roman erweist."

Genau hier tritt der Kritiker in Aktion: Nicht daß verändert
wird, sondern wie dies geschieht, muß ihn interessieren,
denn die Übersetzung kann das Original erhellen, aber eben
auch entstellen, verfälschen oder gänzlich verfehlen, was
weder Kritiker noch Zuschauer stillschweigend akzeptieren
und in Kauf nehmen dürfen.

*Zu viertens: Leseförderung durch den literarischen Kinder-
film*

Wenn das Lesen dem Sehen vorausgeht, dann hält man das
für normal und völlig unbedenklich. Gegen den Satz „Was
ich gelesen habe, mag ich auch gerne sehen!" wird schwer-
lich jemand etwas vorbringen können. Aber auch die Um-
kehrung gilt: „Was ich gesehen habe, mag ich auch gerne
nachlesen!" – ein Satz, den viele Lehrer nicht akzeptieren
wollen. Sie fürchten folgenden Dialog: „Hast du das Buch
schon gelesen?" – „Nein!" – „Dann lies es doch mal!" –
„Wieso? Ich habe den Film gesehen – das genügt!"

Es ist jedoch einseitig und empirisch widerlegbar, von einem
übermächtigen Konkurrenzdruck der elektronischen Medi-
en auszugehen, der dem „alten Medium Buch" alle Chancen

raubt, oder gar von der Behauptung, Filme und Fernsehen seien „Tod- und Freßfeinde" des Lesens. Vielmehr wird auch mit lesefördernden Wirkungen des literarischen Kinderfilms zu rechnen sein. Dies läßt sich schon durch die Tatsache, daß nach einer Fernsehsendung einer Kinderbuch-Verfilmung der Buchverkauf deutlich ansteigt, belegen. Als Beispiel ist der große Erfolg des Kinderbuchs „Rennschwein Rudi Rüssel" anzuführen, dem der ebenso erfolgreiche Kinofilm im nachhinein erneut zu hohen Verkaufszahlen im Buchhandel verhalf.

Natürlich ist die Einbindung von literarischen Kinderfilmen in den Deutschunterricht nicht nur aus Gründen einer möglichen Leseförderung notwendig; es gibt daneben auch andere Ziele, die eine Filmerziehung in der Schule zu leisten hat. Deutschlehrer müssen darauf hinwirken, daß die Schüler ihre bereits vorhandenen Medienkompetenzen, also etwa die Fähigkeit, Medienangebote zu nutzen, auch zu „genießen", Medienbotschaften zu erkennen und sich mit ihnen kritisch auseinanderzusetzen, mit „Film", „Fernsehen" und „Computer" aktiv und kreativ umzugehen, ausbauen und differenzieren.

In Form einer didaktischen Landkarte lassen sich mindestens sechs Stationen beim Einbezug literarischer Kinderfilme in den Deutschunterricht auseinanderhalten:

Sechs Stationen beim Einbezug literarischer Kinderfilme in den Unterricht

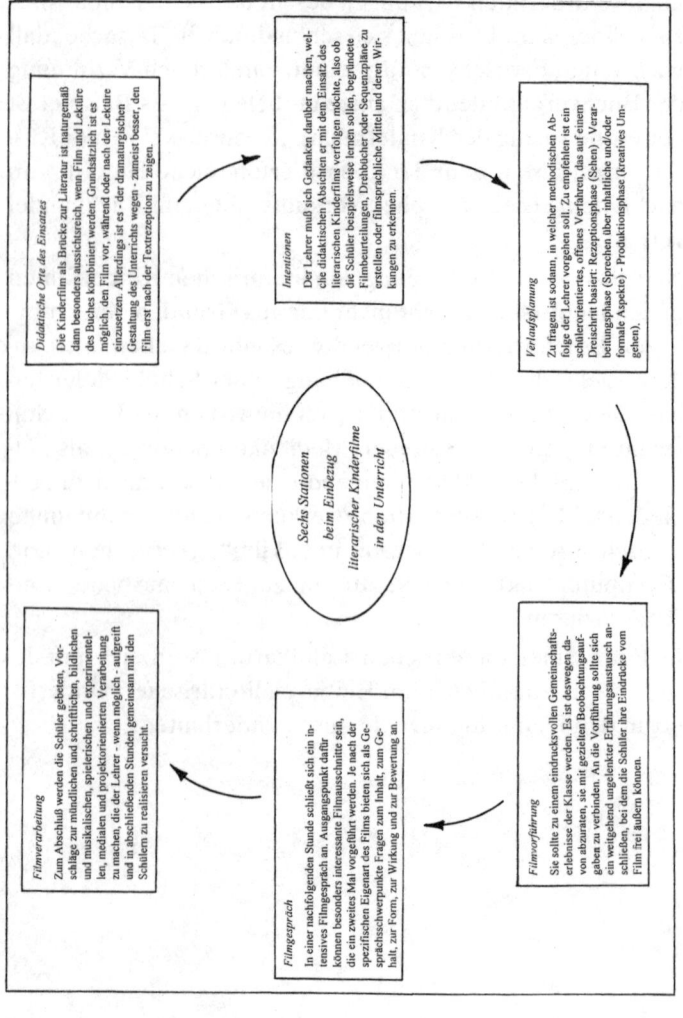

Sechs Stationen beim Einbezug literarischer Kinderfilme in den Unterricht

Didaktische Orte des Einsatzes
Die Kinderfilm als Brücke zur Literatur ist naturgemäß dann besonders aussichtsreich, wenn Film und Lektüre des Buches kombiniert werden. Grundsätzlich ist es möglich, den Film vor, während oder nach der Lektüre einzusetzen. Allerdings ist es - der dramaturgischen Gestaltung des Unterrichts wegen - zumeist besser, den Film erst nach der Textrezeption zu zeigen.

Intentionen
Der Lehrer muß sich Gedanken darüber machen, welche didaktischen Absichten er mit dem Einsatz des literarischen Kinderfilms verfolgen möchte, also ob die Schüler beispielsweise lernen sollen, begründete Filmbeurteilungen, Drehbücher oder Sequenzpläne zu erstellen oder filmsprachliche Mittel und deren Wirkungen zu erkennen.

Verlaufsplanung
Zu fragen ist sodann, in welcher methodischen Abfolge der Lehrer vorgehen soll. Zu empfehlen ist ein schülerorientiertes, offenes Verfahren, das auf einem Dreischritt basiert: Rezeptionsphase (Sehen) - Verarbeitungsphase (Sprechen über inhaltliche und/oder formale Aspekte) - Produktionsphase (kreatives Umgehen).

Filmvorführung
Sie sollte zu einem eindrucksvollen Gemeinschaftserlebnisse der Klasse werden. Es ist deswegen davon abzuraten, sie mit gezielten Beobachtungsaufgaben zu verbinden. An die Vorführung sollte sich ein weitgehend ungelenkter Erfahrungsaustausch anschließen, bei dem die Schüler ihre Eindrücke vom Film frei äußern können.

Filmgespräch
In einer nachfolgenden Stunde schließt sich ein intensives Filmgespräch an. Ausgangspunkt dafür können besonders interessante Filmausschnitte sein, die ein zweites Mal vorgeführt werden. Je nach der spezifischen Eigenart des Films bieten sich als Gesprächsschwerpunkt Fragen zum Inhalt, zum Gehalt, zur Form, zur Wirkung und zur Bewertung an.

Filmverarbeitung
Zum Abschluß werden die Schüler gebeten, Vorschläge zur mündlichen und schriftlichen, bildlichen und musikalischen, spielerischen und experimentellen, medialen und projektorientierten Verarbeitung zu machen, die der Lehrer - wenn möglich - aufgreift und in abschließenden Stunden gemeinsam mit den Schülern zu realisieren versucht.

G = Grimm und Andersen

Von Märchensammlern und Märchendichtern

Es gibt Geschichten, die im Kopf eines jeden von uns stekken, uralte Geschichten, die bis heute gegenwärtig sind: Biblische Erzählungen gehören dazu (wie „Arche Noah", „David und Goliath" oder „Jona im Wal") und eine Reihe von Märchen und Märchenfiguren (geliebte wie Rotkäppchen und Schneewittchen – oder auch gefürchtete wie der Wolf und die bösen Riesen).

Was die Märchen uns bedeuten können, hat ein wenig nostalgisch verklärt, aber sehr schön Helmut Brackert im Vorwort zu seinem großen Märchensammelband beschrieben:

„'Es war einmal ...' Seit unseren Kindertagen liegt uns dieser Anfang im Ohr, ist er uns lieb und vertraut, setzt er in uns Schwingungen frei, die zu frühen Glücksgefühlen hinüberreichen. Aber was ist es, was diesem alten Märcheneingang solchen Zauber verleiht? Weshalb rührt er uns an, auch wenn wir lange schon die Verbindung mit der Märchenwelt verloren, vielleicht schon ein distanziertes oder gar ablehnendes Verhältnis dazu gewonnen haben? Es gibt sicherlich keine einhellige Antwort auf diese Frage; denn jede mögliche müßte der Vielfalt der Empfindungen gerecht werden, die durch dieses 'Es war einmal' hervorgerufen werden. Und doch dürften alle Antworten letztlich darauf hinauslaufen, daß uns dieser Erzählanfang in ein Reich zu führen verspricht, in dem wir als Kinder noch lebten und das wir verlassen mußten, als wir heranwuchsen und die 'Realität' des Lebens ihr Recht forderte: in das Reich der Phantasie, in der das Wunderbare noch Teil der Welt war, in der alles mit allem in einer geheimen und geheimnisvollen Beziehung zu stehen schien, in der alles noch beseelt war und nicht die Zwecke entscheidend waren, sondern die Mittel. So wird die Sehnsucht, die sich mit dem Wort 'Märchen' verbindet, im Grunde auf die Ahnung zurückgehen, daß wir gegenüber der reichen Welt unseres Kinderlandes unbewußt oder bewußt eine Verarmung spüren, eine Sehnsucht nach größerer Erfüllung, nach Erweiterung unserer Empfindungs- und Handlungsmöglichkeiten, nach Aufhebung eines Gefühls von Unbehaustheit und Fremde."

Betrachtet man den Grad der Bedeutsamkeit, den man den Märchen in den letzten Jahrzehnten zugemessen hat, dann zeigt sich eine Entwicklung, die sich in einer eigenartigen Pendelschwingung vollzieht. Sie bewegt sich von massiver Märchenkritik in den 60er und frühen 70er Jahren hin zu einer neuen Hochschätzung der Märchen, die ziemlich genau mit dem Erscheinen des Buches „Kinder brauchen Märchen" von Bruno Bettelheim im Jahre 1977 zusammenfällt. Seither ist ein ständig wachsendes Interesse an der alten Erzählform des Märchens feststellbar; seither wird wieder mit Nachdruck der Wert des Märchenlesens und Märchenerzählens betont; seither wird verstärkt für einen aktiven Umgang mit Märchen in der Schule plädiert.

Daß Märchen derzeit Hochkonjunktur haben, das zeigt sich u. a. auf dem Gebiet der „Kulturwarenproduktion", dem Buch- und Medienmarkt. Seit Jahren schon lassen sich gute Geschäfte mit Märchen machen:

- Märchenbuch-Produzenten schwimmen auf der Märchenwelle; es macht Verlegern „nach wie vor Spaß", Märchenbücher herauszugeben (Börsenblatt). Zur Zeit sind Hunderte von Märchenbüchern unterschiedlichster Art im deutschen Handel erhältlich; man kann sie in drei Kategorien einteilen: Märchensammlungen nach Art der Haus- und Familienbücher (Beltz, Ravensburger) – Märchen unter einem thematischen Aspekt („Vom Reisen und Wandern" oder „Von Hexen, Feen und allerlei Zauberei"; Betz, Middelhauve) – Einzelmärchen, meist in

Form des Märchenbilderbuchs („Allerleirauh"; Nordsüd oder „Der standhafte Zinnsoldat"; Sauerländer).

- Für Märchen auf Kassetten, im Fernsehen oder auf Video besteht eine erstaunlich starke Nachfrage. Vor gut einem Jahr lief im Kinderkanal eine nicht unumstrittene Serie von Zeichentrickfilmen zu 26 Grimmschen Märchen unter dem Titel „SimsalaGrimm". Die Märchen wurden aufwendig produziert und mit großem Werbeaufwand publik gemacht; damit die Märchen fernsehgerecht ankommen, haben die Macher erheblich nachgearbeitet. So begleiten der Bücherwurm Doc Croc und ein schlauer, aber etwas übermütiger Fuchs namens Yoyo in jeder Geschichte die Zuschauer durch die Märchenwelt und sorgen stets für ein Happy-End; die „Stiftung Lesen" hatte dazu bundesweit eine pädagogische Kampagne für Kindergärten und Grundschulen initiiert – im Medienverbund mit Kassetten, Büchern und Anschauungs- bzw. Unterrichtsmaterialien.

- Das traditionelle Märchen in bearbeiteter Form wird auch auf allen übrigen Ebenen und allen nur denkbaren Kommunikationskanälen verabreicht – als Comic und CD-ROM, im Theater, Kino und Kabarett, als Poster und auf Spielkarten, auf Briefmarken und auf Postkarten, als Souvenir und in der Werbung. („Rotkäppchen" wirbt gleichzeitig für eine Sektmarke, eine Käsesorte, für Chanel No. 5 und für „Bild am Sonntag"!).

In der Umgangssprache wird unter „Märchen" eine hauptsächlich für Kinder geeignete Literatur verstanden. Das Wort wird nicht wertfrei verwendet, sondern steht immer in einer Art Spannung zwischen der positiven Deutung im Sinne von „Wunder" (man stellt sich schwärmerisch etwas „so schön wie im Märchen" vor) und der negativen im Sinne von „Lüge" (man denke an die Redewendung „Erzähl mir doch kein Märchen!").

„Märchen" sind begrifflich kaum zu definieren und überaus schwer zu klassifizieren. *Das* Märchen gibt es nicht! Dennoch ist immer wieder versucht worden, „Märchen" wenn schon nicht zu definieren, so doch wenigstens näher zu bestimmen und zu umschreiben.

Als literaturwissenschaftliche Gattungsbezeichnung könnte man mit Lutz Röhrich unter Märchen „eine kurze, nicht von den Bedingungen der Wirklichkeit abhängige, phantastische Erzählung" verstehen.

Allerdings müßte man diese Umschreibung zumindest um einen Zusatz, der auf die Wirkung der Märchen für Heranwachsende verweist, erweitern, so daß diese vier Aspekte zusammenkommen: Ein Märchen ist

- eine kleine und einfache,
- nicht an die Bedingungen des wirklichen Lebens geknüpfte,
- wohl aber auf die Wirklichkeit der Leser Einfluß nehmende
- phantastisch-wunderbare Geschichte.

Ebenso schwer wie man die Märchen begrifflich fassen kann, lassen sie sich klassifizieren. Sicherlich: Es gibt so etwas wie einen idealtypischen Erzählverlauf, ein Grundschema des Märchens. Es könnte – nach Brackert – so lauten: Der Märchenheld, ob Frau oder Mann, zieht aus, um eine Aufgabe zu lösen; böse Mächte stellen sich der Lösung hindernd in den Weg; gute aber helfen mit Zauber- und Gegenmitteln; durch sie gelangt der Held schließlich trotz allerstärkster Gefährdung an Leib und Leben ans Ziel und gewinnt seinen Lohn: ein Reich, einen Königssohn oder eine Königstochter, einen Schatz. Zum Schluß jedenfalls wird ein harmonischer Zustand erreicht, der für die Folgezeit Glück und Zufriedenheit verspricht: „Und wenn sie nicht gestorben sind, so leben sie noch heute."

Dieser Grundtypus (= Schwierigkeiten und ihre Bewältigung mit glücklichem Ausgang) trifft freilich nur auf eine bestimmte Gruppe der Märchen zu, auf die „eigentlichen"
Märchen, die Zauber- und Wundermärchen. Daneben aber
gibt es eine Fülle ganz anders gearteter Märchen.

Klassische Märchen treten entweder als Volks- oder als
Kunstmärchen auf, wobei sich die zweitgenannte Gattung
erst in der Nachfolge der erstgenannten entwickelte, also
nach dem Erscheinen der Grimmschen „Kinder- und Hausmärchen" von 1812.

Allen *Volksmärchen* ist gemeinsam, daß man den oder die
Verfasser nicht kennt, daß sie – bevor sie von Märchensammlern niedergeschrieben wurden – lange Zeit nur in der
mündlichen Überlieferung gelebt haben und dabei auch verändert und ständig umgeformt worden sind und daß es zumeist eine Fülle von thematischen Varianten gibt. (Jack Zipes hat allein zum Rotkäppchenthema an die 200 verschiedene Fassungen aus vier Jahrhunderten und vielen Ländern
bis hin nach China gefunden und Hans Ritz zusätzlich ca.
fünfzig moderne Varianten gesammelt und vorgestellt.)

Aber bereits die Volksmärchen stellen keineswegs eine ein-
heitliche Gattung dar; sie lassen sich wiederum in verschiedene Unterarten gliedern. Auch die berühmteste aller Mär-
chenausgaben, die „Kinder- und Hausmärchen" der Brüder
Grimm, enthält neben den oben erwähnten Zauber- und
Wundermärchen („Schneewittchen") eine Reihe von novel-
lenartigen Märchen („König Drosselbart"), schwankhaften
Märchen („Das tapfere Schneiderlein"), legendenähnlichen
Erzählungen („Muttergottesgläschen"), fabelähnlichen Geschichten („Katze und Maus in Gesellschaft").

Im Gegensatz zum Volksmärchen stammen die *Kunstmärchen* von einem namentlich bekannten Verfasser; sie sind in
ihrem Wortlaut schriftlich fixiert, in der Handlungsführung
zumeist komplizierter und in der Personenzeichnung oft

komplexer als die Volksmärchen, sind zwar ebenso wie die
Volksmärchen im Bereich des Wunderbaren angesiedelt,
eignen sich – im Unterschied zu jenen – aber mehr zum Le-
sen als zum Erzählen. Zu den sog. Märchendichtern zählen
E. T. A. Hoffmann, Ludwig Bechstein, Wilhelm Hauff,
Theodor Storm und vor allem Hans Christian Andersen.
Von Andersen, dem großen dänischen Märchendichter ist
bekannt, daß er sich in seinen frühen Märchenerzählungen
stark dem Charakter der Volksmärchen verpflichtet fühlte.
Sein „Feuerzeug", sein „Reisekamerad" oder seine „Wilden
Schwäne" gehen auf die (dänische) Volksmärchentradition
zurück oder stehen ihr doch sehr nahe. Allerdings war Andersens Intention von Anfang an eine andere als die der Brüder Grimm. Ihm ging es nicht wie diesen um die Bewahrung
eines alten Erzählgutes vor dem Vergessen und um Treue gegenüber der Überlieferung, er wollte nach Art und Struktur
des Volksmärchens seine eigenen Geschichten erfinden und
erzählen. Später dann entwickelte er daraus einen ganz neu-
en Kunstmärchentypus, der sich vor allem durch mehr Realität, größere Formenfülle, durch autobiographische Motive, zeit- und gesellschaftskritische Anspielungen, den Blick-
winkel von unten („Kinderperspektive") und andere inhaltliche und formale Besonderheiten auszeichnete.

Die Unterschiede zwischen Volksmärchen und Kunstmärchen lassen sich – etwas differenzierter zwar, aber immer
noch stark vergröbert und nur der Tendenz nach gerechtfer-
tigt – folgender Synopse entnehmen:

MÄRCHENASPEKT	VOLKSMÄRCHEN	KUNSTMÄRCHEN
geschichtlicher Hintergrund	Allgemeinbesitz (Märchensammler)	Besitz eines individuellen Schöpfers (Märchendichter)
Märchenmerkmale – Handlungsverlauf	Grundschema (= einfacher): Schwierigkeiten und ihre Bewältigung mit glücklichem Ausgang	Grundschema: (= komplizierter): Ein Wunsch als Ausgangsposition; nicht immer glückliches, oft nachdenkliches Ende
	Ziel: konkretes, materielles Wohlergehen	Ziel: himmlisches, ideeles Wohlergehen
	keine Trennung zwischen Diesseits und Jenseits	Kluft zwischen Diesseits und Jenseits
	das Wunder ist selbstverständlich	das Wunder gehört einer fremden, doch vertrauten Welt an
– Personal und Requisiten	es tritt ein Held auf in klarer Funktion, dazu Gegenspieler und Helfer	keine Konzentration auf Einzelpersonen, sondern mehr auf den großen Zusammenhang
	dichotomisches Personeninventar (gut – böse)	komplexe Figur des Märchenhelden
– Raum und Zeit	nicht an Zeit, Ort und Namen gebunden	oft mit lokalgeschichtlicher Einbindung
– formale Struktur	kurze Episode, bei der die Mündlichkeit und der Variantenreichtum dominieren	längere Episode, bei der der Text dominiert (oft mit Rahmenerzählung)
	die Sprache ist anschaulich und einfach, gekennzeichnet durch eine karge stilistische Strenge	überladene Sprache mit komplexen Formen des Erzählens (z. T. Sprachspiele und Kettenreime)
– Erzählperspektive	Außenperspektive (Handlung ist von außen bestimmt)	Innenperspektive (Ich-Erzähler)
– Moral	„naive Moral"	„skeptische Wirklichkeitsschau"
– Intention / Funktion	Unterhaltung, teils Belehrung	Kritik, Aufmerksam-Machen auf Mißstände
Wirkung der Märchen – Publikum	aufgrund des selbstverständlich vorausgesetzten Glaubensanspruchs tatsächlich oder vorgeblich naiv (Rezipient ist sich dessen bewußt, daß er nur für den Augenblick des Hörens mit einbezogen ist)	aufgeklärt, aber dennoch offen für den Glauben an ein Wunder (Rezipient wird scheinbar mit ins Geschehen einbezogen; z. B. durch Leseranreden)
– Erzähler	wirkt „natürlich", berichtet aus zeitlicher Distanz	tritt als bewußt konstruierte Figur auf, ist vertraut mit den Belangen der Zeit
– Wirklichkeitsbezug	größerer Phantasiefreiraum	realistische Vorgaben schränken die Möglichkeiten der Phantasie ein
– Identifikation mit dem Helden	eine Identifikation mit dem Helden, dem Glück gewiß ist, verheißt dem Zuhörer eine glückliche Zeit und Geborgenheitsempfinden	das häufig auf die eigene Realität verweisende Schicksal des Helden bewirkt tiefes, seelisches Mitempfinden
– kommunikativer Anspruch	der Erzähler kann die Wirkung des Märchens verfolgen und während der Geschichte rückkoppelnd eingreifen = gesellige Wirkung	der Leser ist abgesondert von anderen Lesern, ebenso vom Autor = Isolation

H = Härtling und Kästner

Vergleich zweier maßgeblicher Kinderbuchautoren des 20. Jahrhunderts

Es gibt wenige Kinder, die heute aufwachsen, ohne ein Buch Erich Kästners gelesen, ohne die Verfilmung eines seiner Bücher gesehen oder ohne die Kassettenversion zu einem seiner Bücher gehört zu haben. Wer nach „Klassikern" der deutschen Kinderliteratur fragt, der wird sehr rasch und meist zu allererst auf Erich Kästner verwiesen. Der „Fast-Lehrer" („Ich hatte Lehrer werden wollen, um möglichst lange ein Schüler bleiben zu können. Ich wollte Neues, immer wieder Neues aufnehmen und um keinen Preis Altes, immer wieder Altes weitergeben...") wurde am 23. Februar 1899 in Dresden geboren, ist in Berlin berühmt geworden, wurde in der NS-Zeit verfemt und verboten, landete nach dem Krieg in München, erreichte dort einen zweiten Schaffenshöhepunkt und verstarb 1974. Er ruht – zusammen mit einer Reihe berühmter Künstlerpersönlichkeiten seiner Zeit – auf dem kleinen, stillen, idyllisch angelegten St.-Georgs-Friedhof in Bogenhausen.

Derzeit soll es mehr als fünfzig Schulen in Deutschland mit seinem Namen geben. Erstaunlich, wenn man bedenkt,

● was Kästner von gewissen Lehrern, von Schulbüchern, von Lehrplänen gehalten und in seiner berühmten „Ansprache zum Schulbeginn" vehement zum Ausdruck gebracht hat: „Laßt euch die Kindheit nicht austreiben! Schaut, die meisten Menschen legen ihre Kindheit ab wie einen alten Hut ... Haltet das Katheder weder für einen Thron noch für eine Kanzel! ... Der Lehrer ist kein Schulwebel und kein lieber Gott. Er weiß nicht alles, und er kann nicht alles wissen. Wenn er trotzdem allwissend tut, so seht es ihm nach, aber glaubte es ihm nicht! ... Seid nicht zu fleißig! ... Mißtraut gelegentlich euren Schulbüchern! Sie sind nicht auf dem Berge Sinai entstanden, meistens nicht einmal auf verständige Art und Weise, sondern aus alten Schulbüchern, die aus alten Schulbüchern entstanden sind ..." oder

- was er über das Versagen der Pädagogen während des Naziregimes geschrieben hat: „Die Lehrer haben im Dritten Reich versagt, weil vor 1933 die Lehrerbildung versagt hat. Es kann nicht früh genug darauf hingewiesen werden, daß man die Kinder nur dann vernünftig erziehen kann, wenn man zuvor die Lehrer vernünftig erzieht."

Das Jahr 1999 brachte eine seltsame, kinderliterarisch hochinteressante Konstellation: Zur gleichen Zeit, als der 100. Geburtstag des einerseits als „Schulmeister der Nation" (Der Spiegel) leise bespöttelten, andererseits als „grand old man" der deutschen Kinder- und Jugendliteratur (Baumgärtner/Watzke) hoch verehrten Erich Kästners gefeiert wurde, vollendete Peter Härtling – wie Kästner in Sachsen geboren – sein 65. Lebensjahr, erreichte gewissermaßen sein Pensionsalter.

Peter Härtling, der am 13. November 1933 in Chemnitz geboren wurde, verbindet mit Erich Kästner aber mehr als die *Parallele „Herkunft"*. Er gehört – ebenso wie seinerzeit Kästner – zu der Gruppe von Schriftstellern, die sich sowohl im Bereich der Kinder-, als auch im Bereich der Erwachsenenliteratur Geltung und Renommee verschafft hat. Als Kinderbuchautor ist er unbestritten und hoch angesehen, als Erwachsenenautor steht er nicht selten in der Kritik. Auf die Frage „Was würden Sie sagen, wenn Sie nicht durch den 'Hölderlin', sondern durch 'Oma' unsterblich würden?" hat er – nach kurzem Zögern – geantwortet: „Es würde mich vielleicht ein bißchen kränken, aber es wäre, genaugenommen, egal."

Man muß kein Prophet sein, um in Peter Härtling einen
künftigen Klassiker der Kinderliteratur zu erkennen.

In vielem ähnelt er Erich Kästner. Wie dieser versäumt auch
Peter Härtling kaum eine Gelegenheit, zu zeigen, daß er sich
als „Moralist" fühlt und als Anwalt der Kinder. Ihm geht es
darum, den Kindern in seinen Romanen und Gedichten ihre
soziale Wirklichkeit, die gegenwärtige Lage, auch in ihren
Verknüpfungen mit der jüngsten Vergangenheit, zu beschreiben und zu erklären. Er gilt heute wechselweise als
maßgeblicher Vertreter eines neuen „sozialkritischen Rea-
lismus" in der Kinderliteratur (Klaus Doderer) bzw. einer
„emanzipatorischen Kinderliteratur" (Malte Dahrendorf).
Seine Geschichten sind wahr, darum oft unbequem, nicht
immer glücklich endend und eine Welt zeigend, die zwar
nicht gut, aber veränderbar ist. Dabei geht er deutlich über
Erich Kästner hinaus. Zwar gehörte Kästner zu den ersten
Kinderbuchautoren, die Problembücher schrieben und ihre
jungen Leser nicht verschonten vor der Konfrontation mit
Konflikten (indem er etwa Themen wie „Scheidung", „Armut", „Leben in der Großstadt", „Krieg und Frieden" ins
Zentrum rückte). Er „schildert unerschrocken den Kindern
ihre eigenen Schwierigkeiten, ihre eigenen Possen und Tra-
gödien ..., die Konflikte zwischen Kindern und Kindern,
Lehrern und Kindern, Eltern und Kindern, ohne Scheu ...,
er erzählt auch von schlechten Müttern und gleichgültigen
Vätern" (Hermann Kesten). Jedoch darf – aus heutiger Sicht
– nicht seine zu harmonisierende, zu wenig entschiedene Art
und Weise der Problemdarstellung verschwiegen werden;
vieles bleibt doch arg versöhnlerisch, und allzu oft kehrt
Kästner in seinen Kinderbüchern den Oberlehrer, Moral-
apostel und Prediger heraus. Härtling ist viel rigoroser in der
Absicht, beschönigende und bagatellisierende Tendenzen
aus der Kinderliteratur auszusperren. Er meinte einmal mit
Blick auf die Kinderliteratur der 60er und 70er Jahre: „Ich

geriet, verblüfft und zornig, in eine Welt, der es ganz und gar
an Wirklichkeit mangelte, ... eine Welt, die im Grunde Kinder ausschließt, in der auf Kindergröße geschrumpfte Erwachsene ihr Unwesen trieben." Konflikte wurden, wenn
sie denn auftraten, zumeist verharmlost dargestellt; die Kinder lebten in Internaten; die Mädchen besaßen häufig ein
Pferd oder Pony; auffallend oft wurde eine Welt geschildert,
die absolut nichts mit der Lebenswirklichkeit heutiger Kinder zu tun hatte. Diese Literatur, deren Sprache er als
scheinpoetisch, antiquiert oder als „Lausbuben-Dada" bezeichnete, verärgert ihn. Durch solche Bücher – so erkannte
er – können Kinder sich selbst und die Welt nicht verstehen
lernen, weil sie nicht ernst genommen werden. Bücher, die
er meinte und dann auch selber schrieb, sollten nicht be-
schwichtigen, sie sollten beunruhigen und wecken. Seine
Bücher decken beinahe die ganze Bandbreite aktueller sozialer Probleme ab und greifen Themen wie „Alter"
(„Oma"), „Tod" („Alter John"), „Behinderung" („Das war
der Hirbel"), „Arbeitslosigkeit" („Fränze"), „jugendliches
Aussteigen" („Theo haut ab") oder „Nachkriegswirren"
(„Krücke" und zuletzt „Reise gegen den Wind") auf.

Beider Leitmotiv war, die *Wirklichkeit der Kinder* zu spiegeln. Nach Härtling besteht eine der wichtigsten Voraussetzungen für das Schreiben von Kinderliteratur darin, daß
Kinder und Erwachsene von ein und derselben Wirklichkeit
betroffen werden, sie aber unterschiedlich wahrnehmen.
Seine wie auch Kästners Kinderbücher wenden sich deshalb
immer an einen doppelten Leserkreis: Sie sind für Kinder
geschrieben und richten sich gleichzeitig auch an die Erwachsenen, da für Kinder Wirklichkeit immer die Auseinandersetzung mit den Großen einschließt. Nach Härtlings Verständnis sollte die Realität den Kindern zwar ohne Vorbe-
halte und Tabus erschlossen werden, jedoch sollte die Darstellung unbedingt das Kriterium der Kindgemäßheit er-

füllen, ohne kindlich zu werden. Die erste seiner „Fünf
Überlegungen beim Schreiben von Kinderbüchern" lautet
demzufolge auch: „Du darfst dich als Autor nicht verraten.
Du darfst dich nicht niederbeugen, nicht klein machen." Wie
ähnlich klingt es bei Kästner, wenn er vom Kinderbuchautor
verlangt, er dürfe nicht, nur „weil Kinder erwiesenermaßen
klein sind, in Kniebeuge schreiben."

Daß Kästner und Härtling ihre Intentionen auf unterschiedlichen Ebenen und mit unterschiedlichen Sprachstilen (der
eine mehr witzig-pointierend, der andere eher lakonisch-un-
aufgeregt) realisieren, ist auf die Persönlichkeitsstruktur der
beiden Autoren zurückzuführen, ist aber auch literaturhisto-
risch bedingt und hängt mit der Entwicklung der Kinderliteratur innerhalb der letzten beiden Drittel des soeben zu Ende gegangenen Jahrhunderts zusammen. Anhand der Kinderbücher Erich Kästners und Peter Härtlings, zweier für ihre Zeit jeweils maßgeblicher und in vieler Hinsicht gut ver-
gleichbarer Autoren, kann man einen aufschlußreichen Eindruck vom Wandel der Kindheits- und Moralvorstellungen
und der literarästhetischen Mittel bekommen. Beide haben
einen unverwechselbaren Erzählton gefunden, der sehr genau und nahe an der – jeweils geläufigen – Alltagssprache
bleibt. Der typische Kästner-Jargon, seine milieu- und le-
bensechte Sprache sind zu Recht gerühmt worden, ebenso
wie die Sprache Härtlings, die Vertrauen und große Nähe zu
schaffen vermag. Man lese nur eben einmal parallel die Bücher „Pünktchen und Anton" und „Fränze", „Das fliegende
Klassenzimmer" und „Jakob hinter der blauen Tür", „Das
doppelte Lottchen" und „Lena auf dem Dach" und stelle sie
gegenüber!

Eine weitere Verwandtschaft beider Autoren ist in ihrem Bemühen festzustellen, auch zu *Fragen der Kinderbuch-Theo-
rie* reflektierend und klärend Stellung zu nehmen. Kästner
wie Härtling haben sich immer wieder mit ihren Vorstellun-

gen und Ansichten zu Wort gemeldet. Hervorzuheben sind auf der einen Seite die auch heute noch mit beträchtlichem Gewinn zu lesenden Artikel „Jugend, Literatur und Jugendliteratur", „Einiges über Kinderbücher", „Kinder lesen anders", „Wer schreibt eigentlich die Kinderbücher?" oder „Zur Naturgeschichte des Jugendschriftstellers" von Erich Kästner, auf der anderen Seite das von Härtling mitverfaßte und herausgegebene Buch mit der programmatischen Überschrift „Helft den Büchern, helft den Kindern!" oder das 1998 im Beltz-Verlag erschienene „Werkstattbuch". Auch wenn es um die Frage der Bedeutung des Lesens für die Sozialisation der Kinder geht, gibt es Verbindendes: Bei Kästner ist – sicherlich zeitbedingt – ein übertrieben starker Wirkungsoptimismus vorherrschend, gipfelnd in dem Satz: „Für die Zukunft der heranwachsenden Generation ist der Einfluß der Jugendliteratur genau so wichtig wie der Einfluß des Elternhauses und der Schule." Seine höchste und schwerste Aufgabe als Kinderbuchautor sieht er darin, den Lesern Vorbilder anzubieten und sie zu vernünftigen Menschen zu erziehen. Härtling äußert sich zwar vorsichtiger, scheut sich aber nicht, zuzugeben, daß er von der Kinderliteratur spezifische und durch andere Medien nicht ersetzbare (soziale) Lerngewinne erwartet. „Bücher" – so schreibt er – „können das Leben nicht ersetzen. Aber mit ihnen kann man zurückgewinnen, was schon aufgegeben scheint. Sie können erzählen, den Kindern erzählen, von dem, was wir uns ausgetrieben haben, um voranzukommen. Sie können uns Helden zurückgeben, Liebende, Geschlagene, Verzweifelte, Hoffende. Sie können wärmen. Sie können beibringen, wie man zusammen lebt, was Nähe bedeutet. Sie können uns den verfluchten Wohlstandsegoismus austreiben."

Einer neuesten Befragung aus dem „Börsenblatt" zufolge gehören beide Autoren zu den zwölf beliebtesten unseres Lesenachwuchses: Nach Enid Blyton und Astrid Lindgren

und noch vor Michael Ende, Paul Maar, Christine Nöstlinger, Otfried Preußler oder Joanne K. Rowling, liegen sie auf
der Hitliste der Kinder gleich nebeneinander auf Platz fünf
und sechs. (Härtling ist im Vergleich zum Vorjahr von Rang
4 auf Rang 5 zurückgefallen, Kästner von Rang 8 auf Rang 6
vorgerückt.) Beide haben Kinderbuchfiguren geschaffen,
die elementar, zeitlos und somit „klassisch" zu bezeichnen
sind – seien es der aufrechte Musterknabe „Emil" und seine
kecke Kusine „Pony Hütchen", „Pünktchen und Anton"
oder „Das doppelte Lottchen", die allesamt in den letzten
Jahren neu verfilmt wurden, seien es „Kalle", der unvergeß-
liche „Hirbel", das junge Liebespaar „Ben und Anna" oder
„Krücke", den es ebenfalls in einer sehenswerten und vor-
bildlichen Verfilmung gibt.

Man kommt bei der Lektüre der Kinderbücher von Kästner
und Härtling unweigerlich auf den Gedanken, daß es Kindern, die ihre Bücher gelesen haben, schwerer fällt, Gleichaltrige zu verachten und zu quälen, als den anderen, die
nichts dergleichen gelesen haben. So gesehen sind beide
Glücksfälle für die Kinderliteratur, Glücksfälle aber auch
für Lehrerinnen und Lehrer, die über die Schullektüre ihren
Schülern den Weg zum Buchleser zu ebnen versuchen und
dabei auf die positiven und aufbauenden Kräfte vertrauen,
die von Literatur ausgehen können. Sind wir froh, daß wir
und unsere Kinder sie haben!

1 = Illustrationen in Kinderbüchern

Kinder brauchen Bilder!

Medium des Buches ist das geschriebene Wort, Illustrationen sind prinzipiell nicht notwendig, denn ein unverbildeter Leser schafft sich seine Bilder selbst, sieht sie bei der Lektüre vor – oder besser hinter – seinem geistigen Auge aufsteigen. Sollte man also dem Kind keine illustrierten Bücher anbieten? Es gibt durchaus Verfechter dieser These. Bruno Bettelheim und John Ronald Reuel Tolkien gehören zu ihnen. Sie finden, daß bebilderte Kinderbücher nicht das Beste für die Kinder seien. Sie sagen:

- Die Illustrationen sind eher Ablenkungen als hilfreiche Ergänzungen.

- Sie nageln die Phantasie der Kinder fest.

- Durch sie geht viel von der persönlichen Bedeutung verloren, die man den Kindern schenken könnte, weil die Figuren, Landschaften, Gebäude und Ereignisse nicht aus der eigenen Phantasie, sondern aus der des Illustrators Gestalt gewinnen.

Der entscheidende Einwand, auf den alles hinausläuft: Wir ließen einen Illustrator über die Phantasie unserer Kinder bestimmen. Typisch sind Aussprüche wie: „Im gleichen Augenblick als 'Momo' als Illustration oder gar als Filmwesen auftauchte, starben alle Figuren, die die Phantasie der Kinder hervorgebracht hatte" oder „Wenn hundert Kinder Rotkäppchen als Bild oder im Film sehen, dann haben alle mehr oder weniger die gleiche Figur gesehen. Wenn aber hundert Kinder das Märchen von Rotkäppchen lesen oder erzählt bekommen, haben sie hundert verschiedene Rotkäppchen gesehen."

Rotkäppchen von Lisbeth Zwerger (1983)   Rotkäppchen in „SimsalaGrimm" (2000)

Die Meinung „*Lektüre beflügelt die Phantasie, Bilder töten sie ab!*" ist weit verbreitet. Auffällig an ihr ist die Angst, von den in sich aufgenommenen Bildern nicht mehr loszukommen und sich nicht distanzieren zu können – als würden die Bilder gleichsam einverleibt, führten als ungebetene Eindringlinge ihr eigenständiges Leben und verdrängten die kreative Produktion eigener, innerer Bilder. Aber – so fragt man sich – auch die eigenen Bilder müssen doch wohl irgendwo herkommen. Braucht nicht unsere Vorstellungskraft ständig äußere Bilder, um in Betrieb zu bleiben? Verdanken wir nicht all unsere inneren Bilder letztlich vorausgegangenen äußeren Bildern? Warum sollten wir nicht von Bildern stimuliert werden dürfen? So gesehen erscheinen einem die Bilder rehabilitiert: Nicht Phantasie-Killer sind sie, sondern Förderer innerer Phantasiewelten!

Diese „Verteidigung der Bilder" gilt es allerdings einzuschränken auf ausgezeichnete, authentische, eindrucksvolle Illustrationen (wobei der Begriff wörtlich zu nehmen ist: einen Ein-Druck im Kind hinterlassend). In Anbetracht des Augenfutters, das die Bilderfindungen eines Maurice

Sendak, Klaus Ensikat und Quint Buchholz oder einer Lisbeth Zwerger, Binette Schroeder und Henriette Sauvant bieten, wird es uns schwer, diese von allzu besorgten Menschen vertretene Absage an Bilder zu teilen. Interessant ist in diesem Zusammenhang, daß die Autoren in dieser Frage weit weniger skeptisch sind als unsereiner. Oft haben sie selbst für die bildhafte Verkörperung ihrer Figuren gesorgt; das tat Lewis Carroll, als er sein Buch „Alice im Wunderland" mit eigenen Illustrationen ausschmückte und es der kleinen, geschichtensüchtigen Alice zum Weihnachtsgeschenk machte, und das taten Michael Ende bei seiner „Momo", Antoine de Saint-Exupéry beim „Kleinen Prinzen" oder Paul Maar bei seinen „Sams"-Büchern!

Allen Befürchtungen zum Trotz ist dreierlei festzuhalten:

- Wir dürfen niemals vergessen, daß Kinder „Augenwesen" sind. Kinder lieben die Bilder in ihren Büchern! Ihre Leselust wird nachweislich durch Bildbeigaben gesteigert. Schon klassisch zu nennen ist jene Anfangsstelle in „Alice im Wunderland", in der die kleine Alice ihre große Schwester verwundert fragt: „Was für einen Zweck haben eigentlich Bücher, in denen überhaupt keine Bilder vorkommen?"

- Gerade aufgrund einer ausdrucksstarken Bebilderung bleiben manche Bücher lebenslang in unserem Gedächtnis haften. Oft sind es die Bilder, die dafür sorgen, daß ein Buch bekannt bleibt und sein Inhalt und seine Botschaft nicht in Vergessenheit geraten. (Für mich persönlich waren es die Illustrationen von Walter Trier in den Erich-Kästner-Büchern, bei denen bis heute das Bild reflexartig die Texterinnerung auslöst und umgekehrt eine bestimmte Textpassage ohne das dazugehörige Bild nicht denkbar erscheint.)

- Wir sind in der glücklichen Lage, daß wir – neben all der Dutzendware, dem Bildermüll und dem Kinderkitsch –

auf ein beachtliches Angebot an guten, vielschichtig angelegten Illustrationen zurückgreifen können, auf Bilder, die den Vorstellungskräften unserer Kinder großen Spielraum lassen und sie zu produktiver, kreativer und phantasiefördernder Teilnahme führen können.

Freilich: Jede Illustration in einem Kinderbuch deutet, interpretiert, akzentuiert den Text. Das ist das selbstverständliche Recht eines jeden Künstlers. Erst macht er sich den Text zu eigen, dann gestaltet er seine Bilder; diese werden vom Kind – parallel zum Text – aufgenommen, sehr bereitwillig in aller Regel. Damit greift der Illustrator gleich zweifach ein: in den autonomen Text und in das individuelle Leseerlebnis des Kindes. An der Art der Deutung zeigt sich nun seine Klasse. Der eine legt das Kind durch seine Bilder fest und läßt nur ganz bestimmte Vorstellungen zu, engt ein und zügelt die Imaginationskraft, der andere aber regt an und bereichert durch sein Bildangebot. Auf die Frage „Wie weit darf ein Bild-Künstler mit seiner Deutung und Interpretation gehen?" gibt es eine einzige, sehr lapidare Antwort: „So weit er will – sofern er weiß, was er will!" Damit ist die Verantwortung des Illustrators gegenüber dem Gegenstand (= dem Text) angesprochen, die bei Kinderbüchern naturgemäß besonders hoch anzusetzen ist, und der Respekt, den er gegenüber dem Rezipienten (= dem kindlichen Betrachter) bezeugt, über den ja oft genug gesagt wird, für ihn sei das Beste gerade gut genug (vgl. Joachim Giera).

Wie illustriert man Kindergeschichten? Es gibt vereinfacht gesagt zwei gangbare Wege und eine Billiglösung:

- Man reduziert und beschränkt sich aufs Wesentliche, bemüht sich um eine – möglichst kunstvolle – Vereinfachung der Handlungsverläufe; man hütet sich, mehr als Andeutungen zu geben, setzt auf Symbolik und Abstraktion, legt die Bilder unter Umständen auch doppel- und hintersinnig an. Edward Gorey oder Leo Lionni mögen als Beispiele dienen; sie verstehen es auf höchst unterschiedliche Art und Weise, nur das Notwendigste ins Bild zu bringen.

- Man baut aus, reichert an und formt – im Rahmen dessen, was der Text hergibt – seine Bilder erzählerisch durch; man versucht, etwas zu bieten, das sich mit dem schönen alten Wort „eine Augenweide" sehr treffend umschreiben läßt; dem Betrachter sollen die Augen aufgehen, übergehen. Jörg Müller und Roberto Innocenti mit ihren bis ins Detail ausgepinselten, nicht auf Anhieb zu durchschauenden und zu ergründenden Bildern sind typische Vertreter dieser Richtung.

- Die Billiglösung: Man produziert Bilder, die leicht zu konsumieren sind, gibt sich gefallsüchtig und beschränkt sich auf bloße Visualisierung in platter 1:1-Übertragung. Kaufhaus-Bücher mit ihren kitschig-süßlichen, überdeutlich konturierten und aufdringlich kolorierten Klischeebildern sind exemplarisch für diese Art von Illustration.

Halten wir fest: Abbildungen in Kinderbüchern sind im Grunde genommen unnötig, d. h. sie gehören nicht zum eigentlichen Wesen einer Erzählung. Sie können – sofern Stümper am Werk sind – unbrauchbar bis schädlich sein. Aber es gibt wunderschöne und künstlerisch hochwertige Bilder, die wir nicht missen mögen. Wenn sie gelungen sind, können Bilder die Geschichte auf ihre Art neu erzählen und ein Genuß sein.

Es ist kein Klammern an einer romantischen, rückwärts gerichteten Idee, wenn man sagt: Unsere Kinder – aufgewachsen und überflutet mit Endlos-Produktionen wie „Teletubbies", „SimsalaGrimm" und „Pokémon" – bedürfen einer Bildkultur genau dieser Art, brauchen das ruhende, unbewegliche, actionlose und – im Vergleich zum Fernsehen – scheinbar „langweilige" Stand-Bild. Warum? Weil dieses verlangt, vom Betrachter selbst in Bewegung gesetzt zu werden, weil das Kind dabei lernt, eigene Bilder von innen her zu erzeugen, weil es Voraussetzung ist für jede Form von Phantasie- und Gedankenspiel; und weil es die in unserer schnellebigen Zeit dringend nötige „Muße" zum Ziel hat, dieses kreative Zeitlassen, das Kinder zum Aufwachsen brauchen und an dem es überall fehlt.

Allerdings: Auch das *Bilderbetrachten* ist eine Sache, die man nicht einfach kann, sondern etwas, was gelernt werden muß. Deshalb sollten wir das Kind etwa bei der Erstbegegnung mit (Bilder-)Buchillustrationen nicht allein lassen, denn dann lernt es nur das flüchtige Hinsehen, das Um- und Weiterblättern und das Hungrig-Bleiben. Walter Scherf schrieb einmal: „Fehlt der erwachsene Mitentdecker, so lernt das Kind nichts anderes, als Bilder unausgekostet zu verschleißen."

Es kann uns doch schließlich nicht egal sein, welche Bilder unsere Kinder in ihren Köpfen archivieren, und es kann uns nicht gleichgültig sein, wie sie mit ihnen umgehen!

J = Janusz's Schatten

Janusz Korczak als Pädagoge und Kinderbuchautor

Wenn ich für das Gebiet der Pädagogik meine „Jahrhundertgestalt" benennen müßte, es wäre zweifellos der Arzt, Erzieher und Schriftsteller *Janusz Korczak*, der bereits als Zwölfjähriger in sein Tagebuch geschrieben hatte: „Die Welt reformieren heißt, die Erziehung reformieren."

Von den vielen Ehrentiteln, die man ihm verliehen hat wie „Robin Hood der Medizin", „polnischer Pestalozzi" oder „Pionier des Paidozentrismus", erscheint mir die Metapher vom „König der Kinder" am treffendsten. Seine beispielhafte Liebe zu Kindern, seine selbstlose Hingabe an sie, die all seine Schriften zum Ausdruck bringen, hatten mich schon frühzeitig tief berührt, vor allem aber bewunderte ich die unbeirrbare Konsequenz, mit der er sich und seinem erzieherischen Ethos treu blieb – bis zum bitteren Ende, dem erschütternden Tod zusammen mit zweihundert seiner Kinder und Mitarbeiter im Vernichtungslager Treblinka. Dies läßt jede Diskussion über das Für und Wider der von ihm vertretenen Pädagogik in den Hintergrund treten und akademisch wirken. Hier lebte einer so, wie er es schreibend forderte, hier schrieb einer, wie er es lebend praktizierte – ohne jede Spur von Selbstbespiegelung, -gerechtigkeit und -überhebung. Keiner war so inständig bemüht, dem Geheimnis des Kindseins auf die Spur zu kommen, und keiner stellte so deutlich heraus, wie wenig wir eigentlich wissen. Niemals dürfe der Erzieher im Brustton der Überzeugung behaupten, „das Kind zu kennen", lautet die in ihrer Radikalität ernüchternde Prämisse seiner pädagogischen Überlegungen. Seine Schriften enthalten demzufolge auch weniger Maßstäbe oder Richtlinien, sie sind mehr als Fragen und Denkanstöße zu verstehen. Nie wollte er Handlungsmuster für Erwachsene liefern, er wollte vielmehr zum Reflektieren und individuellen Handeln anregen. Dieses „Wir-kennen-das-Kind-nicht!" bezeugt Korczaks große Bescheidenheit bezüglich der Bedeutung und der Wirkung der eigenen erzieherischen Tätigkeit.

Hinzukommt eine außergewöhnlich stark ausgeprägte Doppelbegabung: Janusz Korczak war Pädagoge und (Kinder-)-Literat in einem!

Wer seine Werke für Erwachsene liest, weiß nicht, was er mehr rühmen soll: die Tiefe und den Reichtum der pädagogischen Gedanken, die er verbreitet, oder die unmittelbar ansprechende und literarisch bemerkenswerte, streckenweise auch sehr poetische Sprache, derer er sich bedient. Diese Form einer „poetischen Pädagogik" hat vor ihm und danach in dieser Qualität kein anderer zu schaffen verstanden – mit allen Vorbehalten, die zu Recht vorgebracht werden können, wenn einer Pädagogik und Poesie so innig zu verknüpfen versucht wie er.

Aber Korczak geht noch einen Schritt weiter. Er schreibt auch für die Kinder selbst und entwickelt dabei eine sehr interessante Darstellungsweise; es entsteht eine Kinderliteratur voll lebendig erzählter Pädagogik. Dabei zeigt sich, wie sich der Pädagoge und der Kinderschriftsteller Korczak aufs trefflichste ergänzen: Aus seinen Beobachtungen und Erfahrungen mit Kindern entstand seine Pädagogik, und die täglich gelebte Pädagogik wiederum war es, die seine Literatur für Kinder prägte. Auch für seine Kinderbücher gilt: Sie sind durchzogen von Lebensregeln und Sprichwörtern, von ethischen Gedanken und Sentenzen. In den seltensten Fällen aber wollen diese Passagen belehren, sie sind vielmehr als „Augenöffner" gedacht und sollen nachdenklich machen. Der Wert pädagogisierter Kinderliteratur mag umstritten sein – nicht für Korczak. Für ihn waren das Erzählen

einer Geschichte und das (Vor-)Lesen eines Buches ganz natürliche und willkommene Anlässe, um mit Kindern in einen
pädagogisch-informativen Dialog zu treten. Im übrigen hielt
er wohl viel von der „Macht" der Bücher, von der literarischen Wirkung etwa der Märchen. So ist sich der Protagonist
seiner „König-Hänschen"-Bücher sicher, daß ein Märchen
„selbst die schlimmsten Leute besser zu machen" vermag.

Korczak muß – so bekunden es seine Kinder und Mitarbeiter
immer wieder – ein ebenso begnadeter Geschichtenerzähler
wie geduldiger und einfühlsamer Zuhörer gewesen sein.
Dies kam ihm beim Schreiben für Kinder zugute. War ein
Konzept fertig, ging es nicht eher in Druck, bevor er sich
nicht von der Wirkung seines neuen Werkes auf die jungen
Zuhörer überzeugt hatte. Die künftigen Leser stellten für
ihn schon im Vorfeld die wichtigsten Kritiker dar.

Auf den Punkt gebracht und zugespitzt: Janusz Korczak ist –
was seine pädagogischen und seine kinderliterarischen Arbeiten betrifft – vergleichbar mit jemandem, der sowohl
„Das Jahrhundert des Kindes" als auch „Die Konferenz der
Tiere" geschrieben hat, also gewissermaßen Ellen Key und
Erich Kästner in Personalunion.

Jeder kann heute Korczaks gesamtes Werk lesen und sich
mit ihm auseinandersetzen; es liegt in einer von Friedhelm
Beiner und Erich Dauzenroth herausgegebenen, höchst verdienstvollen Ausgabe vor. Man hat darüber Bücher, Artikel
und Studien geschrieben, es ist zum öffentlichen Eigentum
geworden (was keineswegs bedeutet, daß heutige Studierende der Pädagogik, Psychologie oder Literaturdidaktik in
ausreichendem Maße über sein Werk Bescheid wissen).

Ohne ins einzelne gehen zu wollen, möchte ich im folgenden
vor allem auf die Verbindungslinien eingehen, die zwischen
den Grundsätzen seiner Pädagogik (die berühmten „Rechte
des Kindes") und seiner Kinderliteratur (hier ausschließlich
bezogen auf sein Hauptwerk, den zweibändigen „König-
Hänschen"-Roman) zu entdecken sind.

Auszugehen ist von Korczaks Vorstellungen über die Art
und Weise, wie man ein Kind behandeln „soll", die sich zu
vier Grundgesetzen zusammenziehen lassen:

- *Das Recht des Kindes auf seinen Tod*
  „Aus Angst, daß der Tod uns das Kind entreiße, entreißt
  man das Kind dem Leben. Aus dem Wunsche, daß es nicht
  sterbe, erlauben wir ihm nicht, zu leben." So sehr auch die
  Eltern ihr Kind lieben und behüten, so sehr sie sich ver-
  antwortlich fühlen mögen, sie müssen ihm das Recht auf
  ein eigenes Leben geben und damit gleichzeitig auch – das
  eine bedingt das andere – das Recht auf den eigenen, vielleicht vorzeitigen Tod, denn jeder „Naturwissenschaftler
  weiß, daß nicht jedes Korn zur Ähre wird, nicht jedes
  stark genug zum Überleben ist und nicht jeder Stämmling
  zum Baum heranwächst."

- *Das Recht des Kindes auf den heutigen Tag*
  „Wir sollten auch die gegenwärtige Stunde achten, den
  heutigen Tag. Wie soll es morgen leben können, wenn wir
  es heute nicht bewußt, verantwortungsvoll leben lassen?
  Wir sollten jeden einzelnen Augenblick achten, denn er
  stirbt und wiederholt sich nicht, und immer sollten wir ihn
  ernst nehmen." Dem Kind ist zuzubilligen, seine Bedürfnisse und Wünsche unmittelbar auszuleben und die großen und kleinen Freuden des Alltags unbeschwert und ohne schlechtes Gewissen zu genießen. „Die Zeit ist ihm
  nicht zu schade für ein Märchen, für ein Gespräch mit seinem Hund, fürs Ballspielen, fürs genaue Betrachten eines
  Bildes, fürs Nachzeichnen eines Buchstabens – aber all
  das mit Freude."

- *Das Recht des Kindes, so zu sein, wie es ist*
  „Kinder werden nicht erst zu Menschen, sie sind es heute
  schon. Ja! Sie sind Menschen, keine Puppen. Man kann
  ihren Verstand ansprechen – sie antworten uns; sprechen
  wir zu ihren Herzen – fühlen sie uns." Dies richtet sich vor
  allem an Erzieher, die ständig auf die Kinder einwirken

und sie zu manipulieren suchen, die Kinder als hohle Ge-
fäße betrachten, die es zu füllen gilt, oder die gar perfekte
Kinder schaffen wollen: „Wir können Kornblumen nicht
befehlen, Getreide zu werden. Wir sind keine Wundertä-
ter – wir wollen aber auch keine Scharlatane sein. Entsa-
gen wir also der trügerischen Sehnsucht nach vollkomme-
nen Kindern.‟

Diese drei Rechte des Kindes basieren auf einer vierten,
übergeordneten Forderung:

- *Das Recht des Kindes auf Achtung*
  „Verlangen wir Respekt vor leuchtenden Augen, glatten
  Stirnen, jugendlicher Anstrengung und jugendlichem Vertrauen. Warum sollten trübe Augen, eine gefurchte Stirn,
  zerzaustes graues Haar oder müde Resignation mehr Respekt gebieten?‟ Die Würde des Kindes zu achten und sie
  als vollwertige Menschen zu akzeptieren, gipfelt in der alles umfassenden Forderung in sieben schlichten Worten:
  „Liebe *das* Kind, nicht nur dein eigenes.‟

Diese für Korczak wichtigsten Rechte des Kindes ziehen
sich wie ein roter Faden durch sein gesamtes kinderliterarisches Werk. Das Buch, in dem sie am nachhaltigsten ihren
Niederschlag finden, ist der Doppelband „König Hänschen
I.‟ (1921) und „König Hänschen auf der einsamen Insel‟
(1923) – inzwischen auch in einer einbändigen Taschenbuch-
ausgabe im Handel unter dem sicherlich passenderen (weil
auf den diminuierten Namen „Hänschen‟ verzichtenden)
Titel „Der kleine König Marcius. Eine Geschichte in zwei
Teilen für Kinder und Erwachsene.‟

Die zentrale Forderung nach *Achtung und Gleichbehand-
lung des Kindes* wird nicht nur zwischen den Zeilen, sondern
immer wieder auch ganz explizit ins Spiel gebracht. König
Hänschen, der Reformer, erkennt die Rechtlosigkeit der
Kinder und richtet in seiner Hauptstadt eine legislative Instanz für Kinder, das Kinderparlament, ein. Hier sollen sich
die Kinder nach ihren Bedürfnissen selbst regieren. Sie kön-

nen über spezielle Kindergesetze entscheiden und sind mit
allen Rechten, über die ansonsten die Erwachsenen verfü-
gen, ausgestattet. Daß Korczak bei all seinem Vertrauen auf
die kindlichen Kräfte Realist bleibt und auch von den
Schwächen und Unzulänglichkeiten der Kinder wußte, zeigt
sich im weiteren Verlauf: Die Kinder stellen unerfüllbare
Forderungen, wählen die falschen Abgeordneten und stürzen, als sie einen Rollentausch zwischen Kindern und Erwachsenen durchsetzen, das Land in Anarchie und Chaos.
Damit verbunden ist die Niederlage ihres Landes in einem
Krieg und die Verbannung des Kinderkönigs auf eine ferne
Insel. Wie drastisch die Reaktionen der Erwachsenen sind,
kommt in der Episode zum Ausdruck, als König Hänschen
mit der Forderung an die Könige herantritt, den Kindern
mehr Rechte einzuräumen. Diesem Vorschlag begegnen die
Könige mit unverhohlener Gewalt. Sie beraten, wie man genau dies verhindern könne. Ihre Mittel sind Prügel, Hun-
gerstrafen und Hinhaltetaktiken. Auch wenn die reformeri-
schen Bemühungen des kleinen Königs letztlich vergeblich
waren, weiß er: „Wenn man etwas Kleines mißachtet, dann
sagt es nichts. Wenn man aber vor ihm Achtung hat, dann beginnt es zu sprechen".

Das *Recht auf Kindsein-Dürfen* steht in engem Zusammenhang mit selbstverständlich vorhandenen Defiziten der Kinder vornehmlich im Bereich der Erfahrungen. König Hänschen schreibt in einer Note an die Könige der ganzen Welt:
„Ich will mich nicht rühmen, muß aber sagen, daß ich zwar
der kleinste König bin, aber mehr weiß als so mancher Erwachsene. Denn Kinder sind nicht dümmer als die Erwachsenen, sie haben nur keine Erfahrung." Daß Reformen miß-
lingen, darf nicht verbittern und zu Schuldgefühlen führen.
Als König Hänschen zu resignieren scheint, ist es der „traurige König", der ihm erklärt, daß er nicht aufgeben dürfe,
und ihn aufzumuntern versucht: „Jeder Reformator erlebt
solche schweren Augenblicke, in denen es ihm vorkommt,

als lohnte sich das alles gar nicht. Doch es ist nicht so. Es gibt schlimme Kinder, aber auch gute, es gibt Lügner und solche, die die Wahrheit sagen, es gibt Trotzköpfe, aber auch ruhige und bescheidene, es gibt Raufbolde, aber auch verträgliche und nette Kinder. Nur haben die Kinder eben keine Ordnung, und die Ordentlichen müssen unter den anderen leiden. Also muß man ihnen Rechte geben, damit sie sich wehren können."

Die Forderung des *Rechts auf den heutigen Tag* wird bereits im farbigen Titelbild von Jerzy Srokowski einfühlsam visualisiert. Wie ein Kanarienvogel im goldenen Käfig sitzend, erträumt sich König Hänschen seine eigene Welt. „Traurig war Hänschen, wenn er da so ganz allein in seinem Zimmer saß, und traurig war er, wenn er durch das Gitter des Schloßparks den fröhlichen Spielen der Kinder auf dem Schloßhof zusah." Der Autor kennt das aus eigener Erfahrung; auch das Kind Henryk Goldszmit, der spätere Janusz Korczak, verbrachte als überbehütetes und abgeschirmtes „Salonkind" seine Kinderjahre in relativer Einsamkeit, auch ihm war der Umgang mit „Straßenkindern" untersagt. König Hänschen aber, im ständigen Einsatz für seine Reformen, in dauernder Sorge um sein Land, ist

erst auf der einsamen Insel glücklich. Hier, wo er nicht für
die Zukunft planen muß, Zeit hat zum Nachdenken über
Vergangenes und nur seiner Gegenwart leben darf, findet er
seinen Frieden. Auf der Insel hat er – zumindest für einige
Zeit – das Recht auf den heutigen Tag.

Das zunächst befremdlich und irritierend klingende *Recht
auf den eigenen Tod* zeugt davon, welch ausgeprägten Sinn
Korczaks Pädagogik für die Realität hatte. Sein Ziel war es,
die Kinder für das Hier und Heute vorzubereiten. Noch im
Warschauer Ghetto, als die Lebensumstände schier uner-
träglich waren, versuchte er bis zuletzt, den Schutzwall um
seine Kinder zu erhalten. Als dies aussichtslos wurde und
das Fürchterliche unaufhaltsam näher rückte, begann er, die
Kinder auf ihr Schicksal vorzubereiten – getreu dem Motto
des kleinen Königs: „In der Gefahr muß man ruhig und vernünftig sein. Jetzt dürfen wir nicht daran denken, was gewesen ist, sondern daran, was geschehen muß." Geradezu prophetische Worte, die gleichsam Ghetto und Konzentrations-
lager vorausahnen lassen, finden sich im zweiten Band:
„Hierher also wurde Hänschen aus dem Lande der grünen
Palmen und schönen Vögel versetzt. Hierher, wo kein einziges Blatt wuchs, wo nur überall schwarzer Kohlenstaub lag."

Korczak scheut nicht davor zurück, auch Grausames und
Schockierendes in seinen Kinderbüchern zu beschreiben. Es
kommt alles vor: Armut und Gewalt, Elend und Not, Putsch
und Demonstrationen, Spionage und Krieg. Und Hänschen
selbst, nachdem er König und Soldat, Reformer und Ent-
decker, von treulosen Kindern verraten und mehrfach in Ge-
fangenschaft geraten, zuletzt Fabrikarbeiter war, stirbt am
Ende – aus Sorge um einen anderen, um seinen Freund
Fritz, dem er zu Hilfe kommen und den er vor einer Torheit
bewahren will.

Über seinen Tod aber tröstet die Tatsache hinweg, daß die
von ihm ausgelösten Entwicklungen in Gang bleiben, seine

Gedanken und Visionen weiterleben werden. König Hänschen, der sanfte, friedfertige Rebell, hat gegen eine Gesellschaft, die von Intoleranz, Kinderfeindlichkeit und Heuchelei geprägt ist, gekämpft, verloren und dennoch Recht behalten. In diesem Ende liegt ein neuer Anfang!

Hartmut von Hentig ist voll des Lobes über dieses Buch. Er sagte in seiner Laudatio 1972, anläßlich des posthum verliehenen Friedenspreises des Deutschen Buchhandels an Janusz Korczak: „Korczak erfindet einen Kinderkönig – ein Kind, das Macht hat, aber dabei Kind bleibt. An diesem Kind können andere Kinder – in der Vorstellung – lernen, was es heißt, das zu dürfen und zu können, was man sich immer am meisten ersehnt hat. Sie erkennen ihr eigenes großes Problem: das Problem der Ohnmacht, der Kleinheit, der Unerfahrenheit und wie es sich mit ihren gerechten Wünschen, ihrer unleugbaren Erfahrung und den Behauptungen der Erwachsenen verträgt. Sie lernen, die Macht der Großen zu durchschauen, sehen ihre Grenzen, Schwierigkeiten und Folgen und daß man mit der Macht immer auch Verantwortung trägt. Das unheilvolle Bedürfnis, endlich so zu werden wie die Großen, weil man so dem Elend des Kindseins entrinnt, weicht einer realistischeren Einschätzung. Kinder wissen nun, Macht ist nicht Magie."

Wenngleich sich dieser Kinderroman gelegentlich etwas sentimental und allzu leiderfüllt liest, manche Passage aus heutiger Sicht wohl auch störend wirkt und Unbehagen auslöst (etwa die über die „schwarzen Könige", die bisweilen vorurteilsbefangen dargestellt und immer wieder als „Neger" bezeichnet werden, oder die im „Bürokratenton" geschilderten Kriegsszenen), und die Bebilderung antiquiert erscheint – Schwächen, die leicht durch eine inhaltliche Überarbeitung und eine illustrative Neugestaltung abgestellt werden könnten –, es bleibt ein zeitloses und einzigartiges kleines Meisterwerk.

Margarete Gundlach hat ihre Erfahrungen mit „König Hänschen" als Schullektüre beschrieben. Sie plädiert dafür, diesen Roman bereits in der Grundschule einzuführen, da es kein anderes Kinderbuch gäbe, das sich so nachhaltig für den Frieden einsetze. Ihr Schulversuch zeigt allerdings, daß das zunächst sehr rege Interesse der Kinder am Buch im Verlauf der Lektüre abflaute, weil der Umfang des Textes sie schlicht überforderte. Auch kam es aufgrund der raschen Abfolge verschiedener kleiner Episoden sowie der bisweilen schwer zu durchschauenden Dialogführung zu Verständnisschwierigkeiten. All dies sind didaktisch lösbare Probleme. Schon Korczak sah seine Kinderbücher ja vor allem als eine Art Medium, als Mittel für einen Gemeinschaft stiftenden Dialog. Wenn die Lehrer ihre Schüler bei der Textbegegnung nicht allein lassen, häusliche und schulische Lektüre geschickt dosieren und kombinieren, im Unterricht immer wieder einzelne wichtige, schwierig zu verstehende oder handlungsrelevante Passagen herausgreifen und sie gemeinsam mit den Schülern lesen, versteckte oder nur oberflächlich erahnte Probleme aufgreifen und sie zur Einleitung eines „pädagogischen Gesprächs" nutzen, das eine oder andere Gedicht (z.B. Hildegard Wohlgemuths „Korczak und die Kinder"), Bilder-, Kinder- und Jugendbuch (z.B. Rupert Neudecks und Lukas Ruegenbergs „Janusz Korczak" für die Jüngeren bzw. Christa Lairds „Im Schatten der Mauer" für die Älteren) als Paralleltexte, vielleicht auch die Fernsehdokumentation „Ich bin klein, aber wichtig" oder den großartigen Schwarz-weiß-Film „Korczak" von Adrzej Wajda einbeziehen, dann lohnt sich die Lektüre mit Sicherheit.

So ist Janusz Korczaks Schatten in drei-, ja vierfacher Form in die Geschichte eingegangen und bis heute existent:

- pädagogisch: sein erzieherisches Vermächtnis legt sich verdunkelnd über unsere eigenen, oft genug unzureichenden Bemühungen

- biographisch: sein Leben und pädagogisches Wirken spiegeln sich in seinen Kinderbüchern wider, vorzugsweise in dem Doppelband „König Hänschen", in dem Korczak und der kleine König – wie es Betty Jean Lifton ausdrückte – „zu einer Person" zusammenschmelzen

- moralpolitisch: sein gewaltsames, grausames Ende nach einem so selbstlosen und aufopferungsvollen Leben bleibt ewig als schwarzer Fleck haften. (Es wird berichtet, daß es nach der Welturaufführung des Wajda-Films in Cannes 1990 manchem deutschen Besucher plötzlich sehr schwer fiel, in seiner Muttersprache zu reden.)

Auch als Kinderbuchautor führt Korczak bei uns leider immer noch ein Schattendasein. Seine Bücher konnten bis heute kaum richtig Fuß fassen. Selbst „König Hänschen I", das 1971 immerhin auf der Auswahlliste zum Deutschen Jugendliteraturpreis stand, rangiert auf einem eher dürftigen Platz der Verkaufslisten. Die große Popularität seiner Kinderbücher in Polen zeigt aber, daß sich Korczaks Werke für die Heranwachsenden keineswegs hinter den für die Erwachsenen geschriebenen zu verstecken brauchen. Im Gegenteil: Das, was den Reiz seiner pädagogischen Werke auszeichnet, seine unverwechselbare, sensible Sprache, seine originären Erziehungsvorstellungen, die besondere Verbundenheit mit dem Kind, kommt in seinen Kinderbüchern vielleicht noch deutlicher zum Ausdruck, hatte er doch hier diejenigen vor Augen, bei denen er sich immer am wohlsten gefühlt hat, für die er lebte und starb: die Kinder.

Korczak und die Kinder
Hildegard Wohlgemuth

Leute, höret die Geschichte,
die in Warschau ist geschehn.
Janusz Korczak mit den Kindern
mußte nach Treblinka gehn.

Mit den kleinen Waisenkindern,
die sich feierlich geschmückt,
und sie trugen eine Fahne,
Stern und Blume eingestickt.

In Treblinka standen Öfen,
fragt die Alten, wie das war.
Und die Kinder gingen singend,
wußten nichts von der Gefahr.

Alle Juden solln verrecken!
Mordbefehl, den Hitler gab,
weil sie Judenkinder waren,
mußten sie ins Massengrab.

Als vors Lagertor sie kamen,
ließ man alle Kinder ein.
Korczak nahm man an die Seite,
bot ihm Rettung, ihm allein.

Doch er blieb bei seinen Kindern
in der großen Todesnot,
nahm das kleinste in die Arme,
ging mit allen in den Tod.

Leute, alt ist die Geschichte,
könnte heute sie entstehn?
Daß die Kinder und der Korczak
singend durch die Straßen gehen?

K = Klassiker

Klassische Kinderbuchfiguren und ihre modernen Nachfahren

Als man vor Jahren namhafte deutsche Gegenwartsautoren bat, Bücher zu benennen, die sie gerne geschrieben hätten, zeigte sich, daß sehr viele Kinder- und Jugendbücher darunter waren. Man bekannte sich etwa zu „Pu der Bär" (Eva Demski) oder „Lederstrumpf" (Peter Härtling), zu „Higgelti Piggelti Pop", „Der Wind in den Weiden" oder „Doktor Dolittle und seine Tiere" (Elke Heidenreich) – lauter ausgewiesene Kinderklassiker. Und wer Kinder über den Bekanntheitsgrad klassischer Kinderbuchfiguren befragt, stellt fest: Sie haben gehört von Peter Pan und Nils Holgersson, wissen Bescheid über Pippi Langstrumpf und Heidi, haben aber ihre Kenntnisse seltener aus Büchern, eher von Kassetten oder Filmen. Der Einfluß der elektronischen Medien ist gerade in diesem Bereich unübersehbar. Die Nachfrage nach klassischen Texten in Bibliotheken und Buchhandlungen wird stark von den Medien bestimmt. Stoffe, die gerade im Kino oder im Fernsehen laufen, haben allerbeste Chancen, ausgeliehen und verkauft zu werden. Man ist geneigt zu sagen: Kinderklassiker leben heutzutage vor allem dank der Medien!

Kein Mangel an Kinderklassiker-Reihen

Unser Verhältnis zu den Kinderbuchklassikern hat sich in den vergangenen dreißig Jahren gehörig verändert. In den 70er Jahren war es Mode geworden, Bücher zu empfehlen, die Informationen über die Gegenwart vermittelten, die aufklärerisch wirkten und Konflikte thematisierten. Man favorisierte die sogenannten „Problembücher" und zog die Klassiker der Kinderliteratur radikal in Zweifel. Sie wurden als unnütze „ideologische Leichen" betrachtet. Typisch für die damalige Einschätzung war die Überschrift in einer didaktischen Fachzeitschrift „Sind Klassiker etwa nicht antiquiert?" Die Kritik entzündete sich hauptsächlich an aggressiven und rassistischen Tendenzen, die man in Studien aufdeckte, und an fragwürdigen Erziehungs- und Geschlechtsrollenkonzepten, die man ausfindig machte, von deren „Gefährlichkeit" man damals viel stärker überzeugt war als heute.

Nach dieser Periode massiver Ablehnung schwang das Pendel zur entgegengesetzten Seite. Die heutige Situation ist gekennzeichnet von einer hohen Wertachtung der Kinderklassiker. Dies zeigt sich sowohl auf dem Gebiet der Buchproduktion als auch auf dem Gebiet der theoretischen und didaktischen Auseinandersetzung.

- Was die Buchproduktion betrifft, erleben wir seit etwa zehn Jahren einen Klassiker-Boom. Klassikerausgaben für Kinder führen Verlage wie dtv, Ueberreuter, Betz, Arena, Gerstenberg, Dressler und Rowohlt. Der Rowohlt-Verlag begründete seinerzeit seine neue Reihe so: „Es gibt Literatur von Rang, die über viele Generationen hinweg nie an Bedeutung verliert, ihre Qualität, Botschaft und eine makellose Sprache behält. Wer lesen lernt, sollte auch das Gefühl von Rang erlernen."

- Was die literaturwissenschaftliche Seite angeht, so sind vor allem zwei neue Werke zu nennen, die das ständig wachsende Interesse an Kinderklassikern, ihren Wert für die Sozialisation der Kinder von heute und eine wesentlich entspanntere Haltung gegenüber klassischer Kinderliteratur signalisieren: das von Bettina Hurrelmann 1995 herausgegebene umfangreiche Taschenbuch „Klassiker der Kinder- und Jugendliteratur" und das 1999 erschienene zweibändige Werk von Bettina Kümmerling-Meibauer „Klassiker der Kinder- und Jugendliteratur: ein inter-

nationales Lexikon", in dem 535 Kinderklassiker aus 65
Ländern vorgestellt werden.

Auffällig dabei sind der „Anglozentrismus" (über ein Viertel
der Kinderklassiker stammt interessanterweise aus England
und den USA; Deutschland liegt mit 29 Titeln nach Rußland
auf dem vierten Platz), die „Übersetzungsprobleme" (zu
den meisten Werken gibt es deutsche Übersetzungen, die allerdings mitunter so gravierende Veränderungen beinhalten,
daß von Kongenialität und Werktreue keine Rede sein kann;
besonders deutlich wird dies bei den Märchen Andersens
oder Carrolls „Alice im Wunderland"), die „Sequentialität"
(ein Viertel der Kinderklassiker hat mindestens eine Fortsetzung vom Autor selbst erhalten, dazu kommen die zahllosen
Versuche der nachträglichen Umarbeitung, Aktualisierung
und Modernisierung durch andere Autoren) und die schon
angesprochene „Mediatisierung" (Kinderklassiker sind
heutzutage weniger durch die Buchfassung, sondern als
Hörspiele und Filmversionen bekannt; einerseits ist die
Kritik an den medialen Adaptionen groß, denn in der Mehr-
zahl der Fälle weichen sie erheblich von der literarischen
Vorlage ab und vermitteln nur einen vagen Eindruck vom
Inhalt und den Interpretationsmöglichkeiten des Originals,
andererseits sorgen sie für einen hohen Bekanntheitsgrad
der Stoffe).

Was sind eigentlich Kinderklassiker?

Was macht ein Kinderbuch „klassisch", zu etwas Besonderem, was ist der Grund, daß es die jungen Leser – über die
Zeiten hinweg – fasziniert.

Klassiker sind alterslos, leben gewissermaßen in ewiger Gegenwart. Sie sprechen die großen, elementaren Grundsituationen des kindlichen Daseins an und bringen sie in einfacher, bündiger, aber keineswegs trivialer und versimpelter
Form zum Ausdruck. Kinderklassiker lassen aber auch

Fluchtwege zu, die Kinder unbedingt brauchen: Sie erlauben ein Wegträumen aus einer Welt, in der sie sich machtlos fühlen, hin in ein (Kinder-)Paradies, sie ermöglichen ein Wegwünschen von den Eltern, Lehrern, Erwachsenen, denen sie sich ausgeliefert fühlen, hin zu ihresgleichen. (Peter Pan und Pippi Langstrumpf waren solche Identifikationsfiguren, und heute ist es Harry Potter, der augenblickliche Weltbestseller und künftige Klassiker.)

Was man unter einem Kinderklassiker zu verstehen hat, konnte bis zum heutigen Tag nicht hinreichend geklärt werden. Der Begriff „klassische Kinderliteratur" ist unpräzise und diffus geblieben. Bettina Kümmerling-Meibauer stellt fest: „Eine befriedigende Theorie des 'Klassischen' in der Kinderliteratur ist bisher von der Kinderliteraturforschung noch nicht vorgelegt worden." Er wird dementsprechend auch höchst unterschiedlich benutzt. „Niemandem" – so schreibt Klaus Doderer – „kann verwehrt werden, zu seinen Klassikern Karl May und Enid Blyton ... zu zählen."

Nach Kümmerling-Meibauer gibt es drei Lager, die jeweils andere Kriterien bei der Bestimmung von Kinderklassikern ins Zentrum rücken: Die einen stellen die Vorbildfunktion in den Vordergrund und sind der Meinung, der Wert von Kinderbüchern liegt vor allem im pädagogisch-didaktischen Bereich *(= Wertmerkmal)*, andere orientieren sich in erster Linie an der Popularität und Langlebigkeit eines Buches *(= Wirkungsmerkmal)*, wieder andere heben die literarische Qualität hervor *(= Qualitätsmerkmal)*.

Kümmerling-Meibauer ist wohl am ehesten der letztgenannten Gruppe zuzuordnen; ihre Klassikerdefinition lautet: „Als Kinderklassiker gelten diejenigen Werke, die in der Kinderliteratur eines Landes eine herausragende Rolle spielen bzw. gespielt haben und sich hinsichtlich ihrer literarisch-ästhetischen Qualität durch eine besondere Innovationsleistung und Repräsentativität für ihre Epoche auszeichnen."

Pragmatischer ist die Festlegung von Birgit Dankert, die drei Gruppen von Texten nennt:

- sanktionierte Klassiker der Literaturgeschichte („Texte, die in der Entwicklungsgeschichte der Idee von Kindheit und Kinderliteratur Innovationen brachte")
- Best- und Longseller („Texte mit großem und langem Verkaufserfolg")
- Lieblingsbücher („Texte, die – in welcher Medienform auch immer – gerne rezipiert werden").

Nach Klaus Doderer liefern die Klassiker den Kindern von heute „Phantasiewelten und damit Ausblicke in historische und geographische Weiten. Es ist nichts gegen den Boom an Klassikern einzuwenden. Allenfalls dagegen, in solchen Büchern die Behüter ewiger Werte zu sehen, und zu glauben, der Kanon der Klassiker sei für immer und ewig festzuschreiben." Damit ist zum Ausdruck gebracht, daß Eltern und Lehrer ihren Kindern neben den Klassikern natürlich auch moderne Kinderlektüre in ausreichendem Maße anbieten sollten, vor allem die Bücher der besten zeitgenössischen Autoren der Kinder- und Jugendliteratur wie etwa Peter Härtling und Christine Nöstlinger. Zum andern steckt darin auch der Hinweis, die Klassiker auszuhorchen nach ihrer Botschaft und dem, was sie uns heute noch zu sagen haben, und damit freizugeben zum Modernisieren, zum Verwandeln, zum Neugestalten.

Alte und moderne Nachfolger der Kinderklassiker

Ein Charakteristikum klassischer Kinderliteratur ist es, daß sie von Anfang an und bis zur Gegenwart zu Nach-, Um- und Neuerzählungen, zu Variationen, Parodien und Fortsetzungen inspiriert hat. Begriffe wie „Robinsonaden" und „Struwwelpetriaden" gehören längst zum festen Instrumentarium der Literaturwissenschaft.

Aber auch zu vielen anderen Kinderklassikern gibt es sehr
aufschlußreiche moderne Nachfolger, etwa zum „Zauberer
von Oz" („Der wunderbare Zauberer von Oz" erzählt von
Martin Auer), zu „Alice im Wunderland" („Lissi im Wunderland" von Monika Pelz) oder zum „Wind in den Weiden"
(„Winter in den Weiden", „Frühling in den Weiden" und
„Herbst in den Weiden" von William Horwood). Lehrer stehen dann vor der Frage „Original oder Neubearbeitung?",
die sie in aller Regel nicht mit „Entweder-oder", sondern
mit „Sowohl-als-auch" beantworten sollten. Gerade im reizvollen Nebeneinander und Vergleich entfalten sich oft erst
Reichtum und Charme eines Stoffes.

Am Beispiel des „*Pinocchio*" soll dies in aller Kürze belegt
werden. Grundsätzlich handelt es sich beim Original um ein
Kinderbuch, das zwar in vielem ein typisches Produkt des
ausgehenden 19. Jahrhunderts ist, aber dennoch auch für
heutige Leser überaus interessant ist, weil es sich eben nicht
nur auf die eigene Zeit bezieht, sondern Spiegel aller Zeiten
und jeder Gegenwart ist.

Weil aber bestimmte Teile des Buches aus heutiger Sicht mit
einer gewissen Vorsicht zu betrachten sind (etwa wenn die
ewig moralisierende Grille bei Pinocchio massive Gewis-
sensbeeinflussung betreiben will oder wenn die Fee mitunter
böse, geradezu despotische Züge annimmt, um Pinocchio
zum „Guten" zu zwingen), hat man in unserer Zeit mehrfach
versucht, verbesserte und zeitgemäßere Bearbeitungen und
Nachdichtungen herauszubringen.

Luigi Malerbas „Gestiefelter Pinocchio" von 1987 ist ein
Beispiel dafür. Er setzt mit seiner Erzählung noch vor der
Stelle ein, an der die Holzpuppe in einen Menschen verwandelt wird, weil er die Rolle des braven, geläuterten Jungen
offensichtlich als langweilig und nicht akzeptabel findet. Er
läßt Pinocchio – in einer Reihe von Vorgeschichten – mit einigen altbekannten Märchenfiguren (mit Rotkäppchen und

dem Wolf, mit Aschenputtel und mit dem gestiefelten Kater) zusammenkommen, um auf diese Weise das Schicksal seiner Menschwerdung aufzuschieben oder sie ihm gar zu ersparen.

Ein anderes Beispiel einer Umsetzung des Pinocchio-Stoffes stammt von Christine Nöstlinger. Ihr „neuer Pinocchio" ist im Jahre 1988 erschienen und unterscheidet sich im Handlungsverlauf interessanterweise kaum von der originalen Vorlage; sie hat jedoch durch Veränderung mancher Motive und Dialoge und durch Beseitigung mancher Härte und Ungereimtheit das Buch von einigem Ballast befreit und ihm eine logischere und glaubhaftere Form gegeben. Vor allem hat sie versucht, die Pinocchio-Figur so zu gestalten, daß sie nicht mehr so leicht als „Erziehungsgehilfe der Erwachsenen" mißbraucht werden kann.

Wiederum einen anderen Weg schlägt Ed Young mit seiner Pinocchio-Bearbeitung aus dem Jahre 1998 ein. Er reduziert den umfangreichen Ausgangstext um etwa 90 Prozent, gliedert ihn in dreizehn Einzelszenen und gestaltet die Figuren nach Art der Commedia dell'arte. Damit ergeben sich für den Leser und Betrachter zwei Möglichkeiten, Pinocchio zu begegnen, als effektvoll bebilderte Geschichte und als Bühnenstück.

Heute wird man dem Pinocchio-Thema wahrscheinlich dann am gerechtesten, wenn man es – in genauer Kenntnis und nach gründlicher Erschließung des Originals – in ähnlicher Weise wie Nöstlinger unserer Zeit und unseren Erziehungsvorstellungen anpaßt oder wie Malerba es produktiv weiterdenkt und weiterschreibt oder wie Ed Young es zum Nachspielen und Nachgestalten öffnet.

L = Leseförderung

Was ist das eigentlich, eine lesefreundliche Schule?

Daniel Pennac beginnt sein ebenso liebens- wie lesenswertes Buch „Wie ein Roman" mit folgenden Sätzen: „Das Verb 'lesen' duldet keinen Imperativ. Eine Abneigung, die es mit ein paar anderen teilt: dem Verb 'lieben', dem Verb 'träumen' … Man kann es natürlich trotzdem versuchen. Probieren Sie es mal: 'Liebe mich!' 'Träume!' 'Lies! Jetzt lies doch, zum Teufel, ich befehle dir zu lesen!' 'Geh in dein Zimmer und lies!' Ergebnis? Null."

Damit rückt er eine Frage ins Zentrum, die vielen Eltern und Lehrern – angesichts ihrer leseunlustigen Kinder – auf den Nägeln brennt: Wie kann ich die Freude am Lesen von Büchern (wieder-)erwecken?

Die Fachdidaktik kennt und benützt den Begriff „Leseförderung" schon seit geraumer Zeit. Inzwischen hat er allerdings eine Wandlung erfahren und scheint heute – unter verändertem Vorzeichen – unentbehrlich zu sein.

Verstand man früher unter Leseförderung die Unterstützung leseschwacher Kinder in den Anfangsklassen, so hat sich der Begriff seitdem deutlich erweitert. Heute bezieht sich Leseförderung auf alle Schüler aller Jahrgänge und aller Schultypen und keineswegs nur auf solche, die Schwierigkeiten mit der Lesetechnik oder Sinnentnahme haben. Dieser Bedeutungszuwachs hängt mit der rasanten Ausbreitung der elektronischen Medien und der damit in Beziehung stehenden zunehmenden Leseabstinenz vieler Heranwachsender zusammen.

Auch die Kinderliteratur selbst hat das eine oder andere Buch zum Thema „Lesenlernen, Leselust und Lesefrust" beigesteuert, etwa

- „Der Buchstabenbaum" von Leo Lionni, in dem beschrieben wird, daß es beim Lesenlernen um weit mehr
geht als nur darum, Wörter buchstabieren zu können,

- „Ein Buch für Bruno" von Nikolaus Heidelbach, in dem
erzählt wird, wie der Buchverächter Bruno von seiner
Freundin Ulla in ein Leseabenteuer verstrickt wird, das
ihn von seiner Buchabstinenz heilt,

- „Der überaus starke Willibald" von Willi Fährmann, in
dem gezeigt wird, welch stärkende, zum Widerstand gegen Tyrannei befähigende, ja buchstäblich lebensrettende
Wirkungen vom Lesen ausgehen können,

- „Leopoldo und der Bücherberg" von Susanna Tamaro, in
dem von einem leseunwilligen Jungen die Rede ist, der
sich dem Bildungsdiktat der Eltern und ihren ständigen
Versuchen, ihm das Lesen einzupauken, durch Flucht ent-
zieht, um am Ende doch noch zu erfahren, warum Lesen
so schön ist.

Das oben angesprochene Problem aber bleibt bestehen: Wie
können die Lehrer Einzelziele der Leseförderung wie „Auf-
bau und Sicherung der Lesemotivation", „Vermittlung von
Lesefreude und Vertrautheit mit Büchern" oder „Entwicklung und Stabilisierung von Lesegewohnheiten" (Bettina
Hurrelmann) erreichen – eingedenk der Tatsache, daß sich
die Lust am Lesen nicht erzwingen läßt, weder über Appelle
an das Pflichtgefühl noch über Hinweise auf die Vorzüge und
Zweckmäßigkeit des Lesens, schon gar nicht über Befehle?

Das Zum-Leser-Werden ist ein langwieriger Prozeß, für den
es keine verläßlichen Rezepte gibt. Was es gibt, sind Vorstellungen über die didaktische Grundhaltung, die Lehrerinnen
und Lehrer einzunehmen haben, sind Empfehlungen für le-
sefördernde schulische Rahmenbedingungen und sind Vorschläge methodischer Art.

Es sind wohl vor allem folgende *zehn Forderungen*, die an
eine lesefreundliche Schule zu richten sind:

1. Ihre Lehrer lesen mit der Klasse pro Schuljahr minde-
    stens ein, noch besser zwei Kinderbücher, wobei sie sol-
    che Bücher auswählen, die ansprechend für die Schüler
    und zugleich anspruchsvoll in ihrer literarästhetischen
    Qualität sind. Davon gibt es heutzutage mehr als genug
    – und zu sehr sozialen Preisen!

2. Sie suchen und wenden Methoden an, die ihre Schüler
    zu einem verweilenden (nur ängstliche Lehrer haben
    die Neigung, etwas rasch durchzuziehen), anregenden,
    aber auch – zumindest über gewisse Unterrichtsstrek-
    ken hinweg – offenen und kreativen Umgang mit dem
    Buch veranlassen.

3. Sie fassen Lesenlernen und weiterführendes Lesen
    nicht als isolierte „Lehrgänge" innerhalb des Deutsch-
    unterrichts auf, sondern binden sie ein in einen integra-
    tiv gestalteten, handlungs- und produktionsorientierten
    Unterricht (was in der Grundschule zugegebenerma-
    ßen viel leichter zu praktizieren ist als in weiterführen-
    den Schulen).

4. Sie richten Lesen nicht an inhaltsarmen und wenig fas-
    zinierenden, einseitig didaktisch orientierten Texten
    aus (Fibel- und Lesebuchtexte sind oft so!) und denken
    bei der Lektüre nicht ständig an (orthographische,
    grammatikalische, moralpädagogische u. a.) „Verzwek-
    kung". Verschulung der Lektüre ist der Hauptfeind al-
    ler Leseförderung!

5. Sie versuchen, den Schülern die Buchlektüre als etwas
    nahezubringen, an dessen Auswahl und Verarbeitung
    sie selbst aktiv beteiligt sind – aus dem Wissen heraus,
    daß Schüler, die über unterrichtliche Abläufe mit ent-
    scheiden dürfen, ein viel tieferes und motiviertes Ver-
    hältnis gewinnen als die, die Unterricht immer nur als
    etwas von außen Aufgezwungenes erleben.

6. Sie haben die „Buchstunde", also eine Stunde, in der sich alles um Bücher dreht, auch um Literatur auf Kassetten, Videos oder CDs, als festen Programmpunkt in ihren Wochenplan eingebaut. Unter anderem lesen sie in dieser Buchstunde ihren Kindern regelmäßig aus Büchern vor, auch dann noch, wenn die Schüler bereits lesen können. Das zweckfreie Vorlesen ist eines der einfachsten und effektivsten Mittel, um Lesefunken zu schlagen und überspringen zu lassen.

7. Sie vernachlässigen neben dem wichtigen Ziel „Lesetechnik" auf keinen Fall das viel schwieriger zu vermittelnde Ziel „Lesefreude und Lesegewöhnung". Nach Peter Härtling gibt es zwei Arten von Lesen, mit denen die Kinder in der Schule konfrontiert werden: ein Pflichtlesen, das mit einem gewissen Druck und Zwang verbunden ist, und ein Lesen des Vergnügens, der Lust und Laune. Die Aufgabe der Schule ist es, zu helfen, daß dieses Pflichtlesen möglichst bald in Lesevergnügen umschlägt; denn wer diese zweite Stufe niemals erreicht, für den bleibt Lesen bis ins Erwachsenenalter lästige und damit möglichst zu vermeidende „Pflicht".

8. Sie stellen den Schülern in den Klassenzimmern viele Bücher unterschiedlichster Typen, auch Kindercomics, -zeitschriften und -kassetten, zur Verfügung und versuchen, die Schulbibliothek als eine attraktive und vielfältig nutzbare Einrichtung erleben zu lassen. Empfehlenswert ist es, an der Schule einen „Leseclub" zu gründen, der Buchpräsentationen, Vorlesenachmittage, Bücherflohmärkte, Lesenächte u. dgl. organisieren könnte.

9. Sie greifen alle Gelegenheiten auf, schulische mit außerschulischen Aktivitäten zu verbinden (Besuch von Autorenlesungen, Durchführung von „literarischen Exkursionen" zu Büchereien, Buchhandlungen oder Ver-

lagen, Beteiligung an Aktionen wie „Vorlese-Wettbe-
werb", „Das lesende Klassenzimmer", „Welttag des
Buches" oder „Zeitung in der Schule").

10. Sie wissen, daß der Erfolg aller buchpädagogischen Arbeit in der Schule weitgehend davon abhängt, daß sie
die „Schulöffentlichkeit", und hier wiederum in erster
Linie die Eltern ihrer Schüler, für ihre Ziele und Initiati-
ven gewinnen, weshalb sie ständigen Kontakt mit ihnen
halten. Dies kann über Elternbriefe zum Thema „Lesen" oder über Listen mit interessanten Neuerschei-
nungen auf dem Kinderbuchmarkt erfolgen, vor allem
aber über Elternabende, bei denen konkrete Leseanlie-
gen vorgebracht und diskutiert werden. Die Familie als
der Ort der ersten Leseerfahrungen ist – neben der
Schule – die wichtigste Instanz der Leseförderung.

Was bleibt festzuhalten?

Leser fallen nicht vom Himmel. Kein Mensch wird als Leser
geboren. Zum Leser entwickelt sich das Kind allmählich, im
Laufe eines glücklichen ersten Lebensjahrzehnts, z. B.

- wenn es in einer lesefreundlichen familiären Umgebung
  heranwächst mit Eltern, die ihm von Anfang an viel
  sprachliche Zuwendung schenken, ihm oft vorlesen, für
  seine Buchlektüre Interesse zeigen, die selbst Bücher als
  etwas Wertvolles betrachten und mit ihrem eigenen Lese-
  und Fernsehverhalten Vorbild sind,

- wenn es in der Schule auf Lehrer stößt, die selbst begei-
  sterte Leser sind, die es verstehen, die Schüler zum Lesen
  zu animieren, zu verlocken und sacht zu „verführen", indem sie etwa die richtigen Bücher finden und anbieten,
  den hedonistischen Seiten der Literatur genügend Raum
  geben, den Umgang mit Büchern nicht verschulen ...

Bei der Entwicklung zum Leser bedürfen die Kinder vieler
Hilfen und großer Anstrengung unsererseits. Die Heran-

führung an Literatur muß frühzeitig, im Kindesalter, beginnen; denn hier gibt es – ähnlich wie beim Sprechenlernen – sensible Phasen, „Entwicklungsfenster". Nur so lange diese Fenster offenstehen, können sich die entsprechenden Fähigkeiten entwickeln, kann sich so etwas wie ein „Leseorgan" bilden. Für die Leseentwicklung dürfte sich das Zeitfenster ungefähr mit zehn, zwölf Jahren schließen. Wer es bis dahin nicht „geschafft" hat, wer bis dahin die Freude am Lesen noch nicht entdeckt und erfahren hat, dem dürfte die Welt der Bücher verschlossen bleiben. Hier gilt – in Abänderung des bekannten Sprichwortes – der Satz: „Wenn Hänschen nicht liest, liest Hans nimmermehr!"

Leseförderung in der Grundschule – verstanden als gemeinsame Aufgabe und Anstrengung von Lehrern und Eltern, unterstützt durch Autoren und Wissenschaftler, Verleger, Buchhändler und Bibliothekare, Politiker und Medien-Verantwortliche – ist also nötiger denn je!

M = Märchen

Drei Anmerkungen über eine alte und ewig junge Textgattung

Um der Märchenzahl „Drei" die Reverenz zu erweisen, seien im folgenden drei Thesen zum Märchen vorgetragen und erläutert.

Märchen sind nicht unumstritten, werden aber gegenwärtig hoch geschätzt.

Die Frage, ob das Märchen ganz allgemein eine geeignete Textgattung für Kinder sei, wurde (und wird sicherlich auch zukünftig) immer wieder neu gestellt und unterschiedlich beantwortet. Im Augenblick ist man sich der Sache allerdings relativ sicher. Die gegenwärtig sehr positive Einschätzung der Märchen läßt sich gut auf dem Gebiet der theoretischen Auseinandersetzung mit Märchen ablesen. Von der Anti-Märchen-Welle früherer Jahre ist so gut wie nichts zu spüren. „Dafür hat vor allem Bruno Bettelheim, der Chicagoer Psychoanalytiker und Pädagoge, gesorgt, der mit der lapidaren Feststellung 'Kinder brauchen Märchen' allen 'Entgrimmern' die Bedeutung des Märchens für die Entwicklung der kindlichen Persönlichkeit entgegengehalten hat" (Hans Gärtner). Spiegelten sich in der Sekundärliteratur lange Zeit die erheblichen Kontroversen zwischen den Literaturexperten wider, so stehen die meisten der heute geschriebenen Beiträge positiv den Märchen gegenüber.

Das war nicht immer so. Es gab Zeiten, als man – mit Otto Friedrich Gmelin – fürchtete, *„Böses käme aus Märchen"*. Eine Schlüsselstelle seines Buches lautet: „Märchen sind keine freien Phantasiegeschichten, sondern konkrete, historisch bedingte, ökonomisch notwendige Handlungsanweisungen für Kinder und Erwachsene. Sie spiegeln bestimmte

historische Zustände und Familiensituationen wider ... Sie
sind – auf heute bezogen – immer falsch, d. h. immer ideolo-
gisch." In dieser Zeit wurden massive Einwände gegen das
Märchenerzählen vorgebracht und aufgekocht wie: Märchen sind lebensfremd, erziehen zum Jasagen, prägen Vorurteile, schildern Gewalttätigkeiten, verführen zur Flucht in
eine Schein- und Wunschwelt ...

Dem steht Bruno Bettelheim mit seinem Buch und dem Ap-
pell „*Kinder brauchen Märchen*" gegenüber, in dem Sätze
stehen wie „Das Märchen unterhält das Kind, klärt es über
sein Inneres auf und fördert seine Persönlichkeitsentwicklung" oder „Märchen sind einzigartig, nicht nur als Litera-
turgattung, sondern als Kunstwerke, die das Kind gänzlich
erfassen kann wie keine andere Kunstform" oder Märchen
geben einen „einzigartigen Beitrag zur moralischen Erziehung des Kindes."

Warum die Auseinandersetzung mit Märchen so problema-
tisch ist, hat vor allem zwei Gründe:

- zum einen liegt es daran, daß Märchen ein hoch emotio-
  nales Thema darstellen, zu dem Erwachsene nur schwer
  eine rationale und neutrale Haltung finden (dabei geht es
  ihnen ähnlich, wie den stark emotional engagierten mär-
  chenlesenden und märchenhörenden Kindern)

- zum andern liegt es an der Tatsache, daß nicht nur Begriff,
  Entstehung und Alter umstritten sind (darüber gibt es die
  unterschiedlichsten Theorien), auch und vor allem die
  Frage nach Sinn und Funktion der Märchen wird sehr wi-
  dersprüchlich beantwortet (Steigerung des Lebensmutes
  oder Vergiftung der Kinderseelen; Existenzerhellung
  oder bloße Unterhaltung; Förderung der Autonomie des
  Kindes oder Erziehung zur Angepaßtheit).

Die Meinungsgegensätze, die über die Bedeutung der Märchen als Kinderliteratur existieren, kreisen vor allem um
drei Probleme,

- den Erziehungsaspekt
  Hier geht es vor allem um die Frage, ob Märchen emanzipatorische Texte sind, die die Suche nach Freiheit und
  Glück abbilden, die Existenzhilfen vermitteln und die Autonomie und Ich-Entfaltung des Kindes fördern oder ob
  Märchen die Unveränderbarkeit der Gesellschaft predi-
  gen und zur Anpassung erziehen

- den Grausamkeitsaspekt
  Der Meinung, Märchen bereiten auf das Grausame im
  Leben vor, verheißen Trost und Hilfe und steigern den Le-
  bensmut, steht die andere Meinung gegenüber: Märchen
  sind grausam und schildern Grausamkeiten offen und geradezu unbeteiligt

- den Realitätsaspekt
  Die Pro-Seite ist der Auffassung: Märchen zeigen durch-
  aus die Lebenswirklichkeit, allerdings auf sublimierte
  Weise; die Contra-Seite bringt vor: Märchen lenken die
  Kinder von ihren tatsächlichen Problemen ab, sind unmo-
  dern und pure Unterhaltung und Fiktion.
  Näherers dazu in der folgenden These:

Märchen sind zeitlos und immer aktuell.

Über das Verhältnis von Märchen und Wirklichkeit schreibt
Günter Grass: „Ich meine, daß man jetzt erst ... zu entdek-
ken beginnt, ... daß im Märchen in bündiger Form oft mehr
Realität eingefangen ist als z. B. im angeblich so tiefschür-
fenden psychologischen Roman."

Wie läßt sich die Zeitlosigkeit und Aktualität der Märchen
erklären?

Aktualität haben heißt, bedeutsam zu sein für die unmittel-
bare Gegenwart. Inwiefern können Märchen, fiktive Gebilde, die von Menschen vor langer, langer Zeit ausgedacht
und erzählt worden sind, die Lebenspraxis der Kinder von
heute tangieren? Wie wird bei der Märchenrezeption der

Kinder etwas real, was doch anscheinend ganz und gar unrealistisch daherkommt? Inwiefern ist der alte Satz „Märchen haben ihren Sitz im Leben" richtig?

Eine erste Antwort lieferte Bruno Bettelheim in seinem Buch „Kinder brauchen Märchen". Für ihn bieten die Märchen exemplarische, ja archetypische Kindheitserfahrungen. In dem für dumm gehaltenen Jüngsten, in den familiären Konflikten eines Aschenputtels erkennt das Kind Probleme des eigenen Verkanntwerdens, des Sich-nicht-geliebt-Fühlens. Märchen zeichnen sich dadurch aus, daß sie keine temporäre, sondern eine psychische Aktualität besitzen, d. h. sie führen zu intensiven Leseerlebnissen, die auf die je eigene Situation des einzelnen Lesers übertragbar sind, aktualisierbar für die individuellen Probleme des jungen Lesers – mit dem Erscheinungsdatum der Texte hat diese Qualität nichts zu tun. (In der Kinderliteratur hat dies Paul Maar einmal sehr eindrucksvoll thematisiert. In seinem Buch „Lippels Traum" sind es die Märchen aus Tausendundeiner Nacht, die der Titelfigur bei der Bewältigung einer schwierigen Situation helfen).

Bei der Klärung der Frage nach dem Gegenwartsbezug von Märchen kommt einem außerdem die Tatsache zu Hilfe, daß es ja in jedem Märchen auch Elemente der Realität gibt. Beispiele wie „Hänsel und Gretel" oder „Rotkäppchen" zeigen: Die Handlung ist anfangs weitgehend realistisch; erst im weiteren Verlauf treten Vorfälle auf, die phantastisch sind (das Lebkuchenhaus oder der sprechende, menschenverschlingende Wolf). Märchen wurzeln in der Wirklichkeit. Zu Recht fragt Anna Seghers: „Entstand das Hexenhäuschen von Hänsel und Gretel vielleicht nicht aus der Wirklichkeit? Ich sage euch: aus der bittersten Wirklichkeit, als Eltern im Dreißigjährigen Krieg ihre eigenen Kinder in den wilden Wald schickten, damit sie nicht vor ihren Augen verhungern." Märchen bestehen fast immer aus zwei nahtlos verbundenen Teilen, Reales und Irreales stehen nebeneinander, Wunder und Wirklichkeit ergänzen sich in einer ganz selbstverständlichen und natürlichen Weise. Wer sich nur auf jeweils eine Seite konzentriert, wird dem Märchen nicht gerecht.

Wie hat man sich den Wirkungsverlauf bei der Märchenrezeption vorzustellen?

- Es laufen *Identifikationsprozesse* ab: Pädagogen und Psychologen haben belegen können, daß Märchenfiguren die Kinder in besonders effizienter Weise zur Identifikation einladen. Beim Eintauchen in die Welt der Märchen können die Helden Leit- oder Gleichnisfiguren für die Kinder werden. Hans Fürchtenichts erlaubt den jungen Lesern den Traum vom angstfreien, allmächtigen Kindsein; Schneewittchen wird zum Idol des zugleich guten und schönen Menschen. In Gedanken können sie wie diese allmächtig und furchtlos bzw. gut und schön sein.

- Es laufen sog. *Erfahrungskurse* ab: Märchen, so hat Kristin Wardetzky herausgefunden, werden für die Kinder zu einer Art Leinwand, auf der sie ihre Probleme, Nöte, Konflikte und Wünsche projizieren und symbolisch darstellen können. Mit Hilfe der Märchen verarbeiten sie ihre Erfahrungen und Erlebnisse, die sie im täglichen Leben haben. Ähnlich wie im Spiel übernehmen sie gedanklich die Rolle einer anderen fiktiven Person und gehen mit ihr auf einen „Erfahrungskurs." In den Märchenerzählungen eröffnen sich für den jungen Menschen Denkmuster, die in der Phantasie, also ohne Risiko, durchgespielt werden können. Was wäre, wenn das Ungeheuer im Märchen auf mich zukäme, der Wolf etwa oder die böse Hexe? In den Köpfen der Kinder entwickeln sich Überwindungsstrategien. Wichtig dabei ist, daß Märchen Glück und Zuversicht verheißen: Niemand ist in so auswegloser Lage, daß er sie nicht meistern könnte. Kein Zauberer, kein Riese, keine Hexe erweisen sich also so mächtig, als daß sie nicht durch Klugheit, Furchtlosigkeit oder Güte zu Fall zu bringen wären.

Auf die Frage „Warum brauchen Kinder von heute gerade die Märchen?" hat Bruno Bettelheim in einem Fernsehinterview folgende Antwort gegeben: „Grundprobleme der Kinder werden in einer sehr poetischen und sehr allgemeinen Weise vorgetragen und in einer Situation, die es dem Kinde möglich macht, von der eigenen Situation zu abstrahieren und in seiner Phantasie sich in eine andere Situation zu versetzen, um damit seine Probleme abzureagieren und Lösungen zu finden, die es auf die eigene Person anwenden kann. Aschenputtel z. B. ist sehr eifersüchtig und fühlt sich benachteiligt. Kinder erfahren: Nicht nur ich habe die Probleme, auch andere haben sie, sogar noch viel ärger als ich. Außerdem verspricht das Märchen dem Kinde ein gutes Ende all dieser Probleme. Das alles kann projiziert werden auf ein allgemeines Niveau und auf eine Gegend und eine Zeit, die nicht in der Gegenwart ist."

Wer der Meinung ist, daß Märchen nicht mehr hineinpassen in unsere moderne Welt, wird hier eines Besseren belehrt: Märchen helfen dem Kind, sich im Leben zu behaupten. Denn – um noch einmal Worte von Bruno Bettelheim aufzugreifen – das Märchen „vermittelt dem Kind ein intuitives, unterbewußtes Verständnis seines Wesens und der Aussichten, die die Zukunft ihm eröffnet, wenn es seine positiven Anlagen entwickelt. Aus dem Märchen erahnt es, daß Menschsein in unserer Welt bedeutet, vor schwere Aufgaben gestellt zu werden, aber auch wunderbare Abenteuer zu erleben."

Märchen sind unverzichtbare und willkommene Unterrichtsgegenstände.

Die Meinungsgegensätze, die über die Bedeutung der Märchen als Kinderliteratur in den vergangenen drei, vier Jahrzehnten formuliert und diskutiert wurden, tauchen natürlich wieder auf, wenn es um die schulische Auseinandersetzung mit Märchen geht. Die Beschäftigung mit den Märchen als Unterrichtsgegenstand verlief ähnlich aufregend und anregend wie die allgemeine Märchenkontroverse. Neben jene Lehrer, die sich traditionsgemäß dem Märchen positiv zuwandten, traten zunehmend solche, die gegen eine bloße Bewahrung der Märchen und eine unkritisch hinnehmende Selbstverständlichkeit der Märchenbehandlung ankämpften oder die – im rigorosesten Fall – Märchen heftig ablehnten.

Für die meisten Lehrer ist die Zeit, in der Märchen in Schule und Erziehung verpönt waren, allerdings ein für allemal vorbei – hauptsächlich deswegen, weil sie wissen, daß Kinder die Märchen mögen und sie gerne hören und lesen. Märchen weisen inhaltliche und formale Elemente auf, die jungen Lesern offensichtlich besonders entgegenkommen. Dazu zählen die Bildhaftigkeit der Sprache, die gute Erzählbarkeit, der Abwechslungsreichtum und die Spannung des Geschehens, das glückliche Ende der Geschichten, die Eindeutigkeit der Figuren und die Stilmittel der Reihung, Wiederholung und Steigerung. „In der Tat findet das Kind ein Märchen einfach schön; was da erzählt wird, interessiert es, wie es erzählt wird, gefällt ihm" (Guido König).

Neben diesen schülerorientierten Gründen gibt es auch gute lehrerorientierte Gründe, die die Einbindung von Märchen in den Unterricht unerläßlich erscheinen lassen:

- Die Märchen sind ein kulturelles Erbe, auf das wir nicht ernstlich verzichten werden; sie sind der „letzte Kern unseres Allgemeinwissens" (Heinz Rölleke).

- Märchen haben einen hohen literarästhetischen Wert, sie sind Kunstwerke, dichterische Texte.

- Viele Märchen sind auch pädagogisch relevant, denn Märchen sind Texte mit moralischem Gehalt, mitunter sogar mit emanzipatorischen Qualitäten.

Dies zusammengenommen macht die Märchen selbst für eine kritisch-progressive Erziehung durchaus akzeptabel. Vertreter einer eher konservativ ausgerichteten Pädagogik hatten ohnehin nie Zweifel an der überragenden literarischen, erziehlichen und psychologischen Bedeutung der Märchen.

Bezüglich der Art und Weise, in der Märchen im Unterricht auftreten sollten, findet sich in einem „Ratgeber für den Leseunterricht" aus dem Jahre 1936 dieser erstaunlich modern klingende Satz: „Über die unterrichtliche Behandlung und Auswertung der Märchen wurde schon unendlich viel geschrieben und dennoch scheint es kaum ein Unterrichtsgebiet zu geben, bei dem die Meinungen oft so gegensätzlicher Art sind, daß man sich darüber wundern muß".

Im Grunde gibt es zwei unterschiedliche Formen des unterrichtlichen Umgangs mit dem Märchen: das erlebnishafte Erfassen von Handlung und Gehalt oder die vorwiegend rationale Auseinandersetzung.

In der Regel empfehlen Didaktiker für ältere Schüler das analysierend-kognitive Verfahren und für Grundschüler die erlebnishaft-emotionale Vermittlung. Begründet wird dies mit der Entwicklungslage des Kindes und mit speziellen Eigenarten des Märchens. Ihrer Ansicht nach werden die Erwartungen und Bedürfnisse der jüngeren Kinder gegenüber einem Märchen erst im Erlebnisprozeß befriedigt, weil es nur so als spannende, abwechslungsreiche Geschichte voll zur Geltung kommt.

Mir schwebt eine etwas andere, zwischen dem „kognitiven" und „emotionalen Pol" vermittelnde Form für den Umgang mit Märchen vor. Meine persönliche didaktische Grundhaltung kann als „*kritisch-kreativ*" umschrieben werden. Das heißt: Ich strebe eine unterrichtliche Auseinandersetzung mit Märchen an, die über eine ungeprüft hinnehmende, ausschließlich erlebnisbetonte Rezeption von Märchen hinausgeht. Damit ist keineswegs eine kopflastige, einseitig rational-analysierende Betrachtung der Märchen gemeint (die Bedeutung der Textanalyse für eine kreative Weiterarbeit darf allerdings auch nicht unterschätzt werden); als mindestens ebenso wichtig wird der emotional-spielerische und eigenschöpferische Umgang erachtet. Ausschlaggebend für die didaktische Qualität ist, daß *beide* Aspekte kombiniert und in Balance gehalten werden.

N = Neue Märchen

. . . gibt es viele, aber gute sind rar!

Neben den an anderer Stelle schon angesprochenen beiden klassischen Märchenarten des Volks- und des Kunstmärchens haben sich in den letzten Jahrzehnten ganz neue Märchengattungen entwickelt, zum einen die sog. *veränderten Märchen* und zum andern die *modernen Märchengeschichten.*

Die *veränderten Märchen* lehnen sich eng an die Originalmärchen an, haben vieles mit ihnen gemeinsam, spielen mit ihnen oder reiben sich an ihnen. Sie kommen – je nach Intention der Verfasser – in sechs Hauptformen vor:

● *Parodierte Märchen* (= Märchenveränderungen, die sich gegen das Märchen als Gattung richten und das alte Märchengut in Frage stellen).
Eine bekannte Rotkäppchen-Parodie stammt von Janosch. Er verwendet eine simple, aber wirkungsvolle Form, um die Gattung „Märchen" anzugreifen und zu kritisieren: Er läßt ein elektrisches Rotkäppchen auftreten, das sich auf den Weg zur elektrischen Großmutter macht. Im elektrischen Märchenwald begegnet ihm ein elektrischer Wolf. Am Ende muß ein Elektriker dem elektrischen Wolf den Strom abklemmen und die elektrische Oma und das elektrische Rotkäppchen aus dem Wolfsbauch befreien. Indem Janosch an allen möglichen Stellen das Wörtchen „elektrisch" einschiebt, attackiert er über die tradierte Vorlage des Märchens hinaus auch die heutigen elektrisch betriebenen „Märchenwunderländer".

● *Gesellschaftskritische Märchen* (= Märchenveränderungen, die das Märchen als Mittel benutzen, um soziale, politische oder gesellschaftliche Gegebenheiten zu kritisieren).

Ein Beispiel für diese Märchenvariante stellt das Bilderbuch „Aufstand der Tiere" von Jörg Müller und Jörg Steiner dar. In dieser Fassung wird versucht, den alten Mär-
chenstoff von den „Bremer Stadtmusikanten" in das
Großstadtmilieu unserer Gegenwart zu übersetzen. Dabei treten deutlich sozial-, umwelt- und medienkritische
Züge hervor. Erzählt wird die Geschichte von vier Tieren,
die es satt haben, sich als Werbeträger vermarkten und
mißbrauchen zu lassen. Im Märchen von den Bremer
Stadtmusikanten glauben sie, eine Lösung für ihre Probleme und einen Ausweg aus ihrer Situation gefunden zu
haben.

- *Frei variierte Märchen* (= Märchenveränderungen, die –
  vom Original kreativ inspiriert – zu eigenen Gedanken
  und Phantasien finden und zu neuen literarischen Ausge-
  staltungen kommen).
  Zu dieser Gruppe von Märchen paßt gut das Bilderbuch
  „Die drei kleinen Wölfe und das große böse Schwein" von
  Helen Oxenbury und Eugene Trivizas. Hier wird das bekannte Märchen „Die drei jungen Schweinchen und der
  Wolf" in einer umgedrehten Version erzählt. Im Gegensatz zur ursprünglichen Fassung, in der der Wolf mit Tücke
  und Falschheit die „dummen" Schweinchen übertölpelt,
  in deren Häuschen eindringt und sie verschlingt, beim
  dritten und ältesten Schweinchen allerdings den kürzeren
  zieht und zur Strafe in einem Kessel mit siedendem Was-
  ser landet, sind es hier junge, ängstliche Wölflein, die unter den Nachstellungen eines Wildschweins leiden. Auch
  sie wollen sich ein eigenes Haus bauen, aber immer wieder zerstört das große, böse Schwein ihre Bemühungen.
  Am Ende bauen die drei kleinen Wölfe ein ungeschütztes,
  dafür aber wunderbar duftendes Blumenhaus. Der herrli-
  che Geruch, der von ihm ausgeht, stimmt das böse
  Schwein sanft und friedlich. Von da an leben die drei Wöl-

fe und das große Schwein gemeinsam „glücklich und zu-
frieden" in diesem schönen Blumenhaus. Die Geschichte
erinnert ein wenig an die „Zeit der Blumenkinder" und
ihr Motto „flower statt power"!

- *Verbesserte Märchen* (= Märchenveränderungen, die das
traditionelle Märchen als literarisches Medium bestehen
lassen, die einzelnen Texte jedoch den historisch veränderten Zuständen anpassen wollen).
Eine Reihe von Märchen-„Verbesserungen" hat Otto
Friedrich Gmelin vorgelegt. Unter anderem hat er „Hänsel und Gretel" neu erzählt. Ihm erscheint das Original-
märchen als wahrer „Kinderschreck". Er erinnert an die
herzlosen Eltern, die ihre Kinder verstoßen, an die Hexe,
die kleine Kinder frißt, an Hänsel im Käfig und an Gretel,
die den Mord an der Hexe begeht. Gmelin löscht alle
grausamen und angsteinflößenden Passagen des Originals. Hänsel und Gretel werden nicht von ihren Eltern
ausgesetzt, sondern verlassen aus eigenem Antrieb ihr El-
ternhaus, laufen der alten Frau einfach davon, als sie sich
als böse Hexe entpuppt, und erhalten von einem Zauber-
vogel die entscheidenden Ratschläge für ihre Flucht. Die
Hexe Gmelins ist zwar böse, aber nicht – wie im Original
– von Natur aus, ihre Bosheit und Aggressivität hat tiefere
Ursachen. In der Rolle der Gretel wird eine weitere Er-
zählabsicht Gmelins deutlich: Sie ist ein „tapferes Mädchen", dank ihrer Initiative wird alles gut. Gmelin will
dies als Seitenhieb auf stereotype Vorstellungen über das
Mädchen- und Frauenbild der Märchen verstanden wissen.

Dazu treten Märchenformen, bei denen Veränderungen auf
Grund der Übersetzung in spezielle Printmedien (Märchen-
bilderbücher für die Kleinen) und auditive, audiovisuelle
und elektronische Medien (Märchenkassette, Märchenfilm,
Märchen auf CD-ROM) nötig sind:

● *Bearbeitete Märchen* (= Märchenveränderungen, die
den Kern des originalen Märchens unangetastet lassen, es
aber formal und sprachlich so vereinfachen, daß es bereits
Kleinkinder verstehen und – indem sie z. B. allzu gruseli-
ge und gewalttätige Sequenzen zurechtstutzen – auch ver-
kraften).

● *Mediatisierte Märchen* (= Märchenveränderungen, die
sich dann ergeben, wenn sich Kassetten-, Film- oder
Computerspiel-Produzenten eines Märchens bedienen
und dabei notwendigerweise verändernd und bearbei-
tend, kürzend oder streckend in den Originaltext eingreifen müssen).

Es ist im Einzelfall oft schwer, die jeweilige Kategorie anzu-
geben; die Grenzen zwischen den vier erstgenannten sind
fließend und es gibt Beispiele, wo sie sich überlappen und
verschmelzen. Gerade Janosch, der bekanntermaßen gerne
die Grimmschen Märchen neu erzählt, realisiert dabei die
unterschiedlichsten Veränderungsmöglichkeiten: Er par-
odiert, kritisiert, variiert und verbessert – „häufig genug in
ein und derselben Geschichte." (Hildegard Pischke)

Daß veränderte Märchen in großer Zahl entstehen, heißt
noch lange nicht, daß alle, die sich mit Märchen beschäftigen, sie auch gutheißen. Die Meinungen reichen von „dringend erforderlich" bis „absolut schädlich"; anteilsmäßig
überwiegt bei den Märchenfreunden wohl die mehr oder weniger deutlich formulierte Absage und Kritik an den ihrer
Ansicht nach oft zu weit gehenden und zu respektlosen Veränderungen.

Wie immer man sich angesichts des Streits um Märchen in
originaler oder in veränderter Form verhalten mag, eines
steht fest: Die Grimmschen Märchen haben sich bisher gegenüber allen Aktualisierungen und Bearbeitungen erstaunlich resistent gezeigt. Die Märchenveränderungen scheinen
eher „ein Beweis für die große Anziehungskraft des Mär-

chens zu sein, denn sie wären ohne Wert, wenn der Leser oder Hörer nicht zugleich die Anspielung auf das Original-märchen zurückführen würde." (Linda Dégh)

Im Unterschied zu den veränderten Märchen lösen sich die *modernen Märchengeschichten* sehr viel stärker von den traditionellen Märchen. Sie greifen lediglich einzelne typi-sche Märchenelemente und -züge auf, übernehmen das eine oder andere märchenhafte Requisit oder bedienen sich be-stimmter Märchenformen und -strukturen. Dadurch werden sie zu viel eigenständigeren und unabhängigeren Texten, als dies bei den veränderten Märchen der Fall ist. Auch ist ihnen in aller Regel eine auf Gegenwärtiges oder Zukünftiges aus-gerichtete Intention anzumerken. Allein aus der Titelwahl wird das Streben nach Eigenständigkeit und Emanzipation vom alten Märchen sichtbar. Während die veränderten Mär-chen schon in der Überschrift sehr deutlich die Verbindung zur literarischen Vorlage suchen („Die Geschichte vom bö-sen Hänsel, der bösen Gretel und der Hexe" oder „Die neu-en Bremer Stadtmusikanten"), sind die modernen Märchen-geschichten mit Überschriften versehen, die keinen direkten Bezug zu einem der altbekannten Märchen erkennen lassen („Das Märchen vom König ohne Gesicht" oder „Hinter der Tür"). Beispieltexte dazu findet man in den beiden Antholo-gien „Neues vom Rumpelstilzchen" und „Daumesdick" aus dem Beltz-Verlag.

Ähnlich wie die veränderten Märchen stehen auch die mo-dernen Märchengeschichten in der Kritik – teilweise zu Recht, denn so manches, was unter dem Namen „neues Mär-chen" produziert und vorgelegt wird, ist albern, fade, be-langlos, mißraten und erweist sich als billiger Lese-Ramsch. Oft scheitern die Erfinder neuer Märchen, weil sie mit der Doppelrolle nicht zurechtkommen, nämlich Märchenerzäh-ler und moderner Kinderliterat in einem zu sein. Bisweilen gelingt aber auch dieser Spagat. Es gibt exzellente, glänzend erfundene Stücke, die es wert sind, mit Kindern gelesen zu werden; „Der Aufzug" gehört dazu, ein „Liftmärchen", in dem Paul Maar – hervorragend unterstützt durch die Bilder von Nikolaus Heidelbach – mit dem Märchen „Schneewittchen" und den Märchenzahlen „Drei" und „Sieben" jongliert.

Bei den Märchenkennern sind drei unterschiedliche Haltungen gegenüber veränderten oder modernen Märchen auszumachen.

- Es gibt solche, denen die neuen Märchen von Haus aus suspekt erscheinen und die sie – zumindest für Kinder im Grundschulalter – strikt ablehnen und an ihnen kaum ein gutes Haar lassen (Helga Zitzelsperger).

- Es gibt andere, die sie akzeptieren, sofern nicht darauf abgehoben wird, sie in die Rubrik „Märchen" einzuordnen (Karl Ernst Maier).

- Wieder andere fordern solche Veränderungen geradezu, halten sie für dringend notwendig (Klaus Doderer).

Zugegeben: Neue Märchen gibt es viele, gute aber sind rar! Gut sind sie dann, wenn sie – ähnlich wie ihre Vorläufer – in einer sehr bildhaften Sprache geschrieben und abwechslungsreich im Geschehen sind, wenn sie sich flüssig erzählen lassen und einprägsame (Identifikations-)Figuren anbieten. Texte, die diesen Voraussetzungen genügen, werden von den Kindern erfahrungsgemäß sehr gern gelesen. Aus didaktischer Sicht ergibt sich die reizvolle Möglichkeit, alte neben neue Märchen zu stellen, also bereits mit Dritt- und Vierkläßlern Literatur in vergleichender Betrachtung zu erschließen. Auf diese Weise läßt sich im übrigen auch die Zeit gut überbrücken, in der die Märchenbegeisterung der Kinder im Abklingen begriffen ist (bevor die Märchen später wieder interessant werden, in einer ganz anderen Weise freilich, nicht mehr im „naiven Glauben" an die Wahrhaftigkeit der Geschehnisse, sondern mit dem „vollen Bewußtsein ihrer Erfindung", wie es Stefan Zweig einmal ausdrückte) – also ab dem neunten, zehnten Lebensjahr.

Grundsätzlich sollten deswegen die Lehrer den Versuchen, Märchen zu verändern und neue Märchengeschichten zu erfinden mit Gelassenheit, besser noch mit Interesse und Aufgeschlossenheit gegenüberstehen. Aus der Sicht der Schüler (von der dritten Klasse an aufwärts) erweist sich – meiner Erfahrung nach – das Neben- und Miteinander von Originalmärchen und neuen bzw. veränderten Märchenformen als reizvoll und inspirierend. Ein (indirekter) Beleg dafür findet sich in der empirischen Studie über das kindliche Märcheninteresse von Kristin Wardetzky, die Kinder eigene Märchen schreiben ließ und dabei folgendes feststellte: „Insgesamt sind die Märchen der Neun- bis Zehnjährigen wesentlich kunstvoller als die schlichten Märchenkürzel der Jüngeren. In der Verwendung von Motiven, Bildern und Symbolen gehen die Älteren oftmals geradezu schwelgerisch mit dem von ihnen akkumulierten Märchenschatz um. In dem Alter also, in dem sie das Märchen als Lieblingslektüre hinter sich lassen, können sie im freien Spiel lustvoll mit seinen Gesetzen umgehen."

Bertolt Brecht hat die hier ausgebreiteten Gedanken in knappster Form wie folgt zum Ausdruck gebracht: „Ja, wenn die Kinder Kinder blieben, dann könnte man ihnen immer Märchen erzählen. Da sie aber älter werden, kann man es nicht."

O = Ostbayerische Kinderbuchautoren

Drei Porträts

Es gibt eine Reihe namhafter Kinder- und Jugendbuchautoren des 20. Jahrhunderts, die aus Ostbayern, also dem geographischen Raum der Oberpfalz und Niederbayerns, stammen bzw. mit Ostbayern zumindest zeitweise eng verbunden sind:

- angefangen bei *Wilhelm Matthießen*, dem Altmeister der Kinderliteratur, der mit seiner Detektivgeschichte „Das Rote U" von 1932 zu einer echten Konkurrenz für Kästners „Emil" wurde,

- und *Ludwig Bemelmans*, der in Regensburg aufwuchs, später nach Amerika übersiedelte und mit seinen meisterhaft illustrierten „Madeline"-Büchern Bilderbuchklassiker schuf,

- über *Heinz Baumann*, der im „Dritten Reich" vor allem mit seinen Fahrten- und Kampfliedern für die Hitlerjugend hervortrat, nach dem Krieg durch Bücher wie „Die Höhlen der großen Jäger" und „Ich zog mit Hannibal", Mischungen zwischen Sach- und Abenteuerliteratur, hohe Auflagen erzielte und mit der Bilderbuch-Parabel „Der Bär und seine Brüder" eine politische „Rechtfertigung" seiner dunklen Vergangenheit versuchte,

- und *Roswitha Schlegl*, die erst in spätem Alter ihre Kinderbuchkarriere begann und Ende der 80er, Anfang der 90er Jahre kurz hintereinander vier Bücher mit stark phantasiegelenkten „Geschichten vom Rand der Erde" (also von dort, wo nach Homer das Glück wohnen soll) vorlegte,

- bis zu *Erhard Dietl*, der sich als humorvoller Texter und Illustrator einen guten Namen gemacht hat und vor allem für Kinder im Vorschul- und ersten Lesealter arbeitet,

- und *Reinhard Michl*, dem bekanntlich besonders eindrucksvolle Tierdarstellungen gelingen, die – wie es Rudolf Herfurtner einmal ausdrückte – „bis in jedes Pelzhaar hinein getroffen sind".

Drei für diese Region besonders typische Autoren – allesamt Geschichtenerzähler von seltenem Talent – sollen nachfolgend etwas genauer herausgestellt werden.

Eugen Oker (geb. 1919 in Schwandorf)

Oker (d. i. Fritz Gebhardt) ging zunächst in Schwandorf zur Schule, später besuchte er die Oberrealschule in Amberg; ausgerechnet seine Aufsatzleistungen wurden dort – wie sich Oker erinnert – besonders schlecht bewertet. Mit 16 Jahren kam er nach München und erlernte beim Bayerischen Landesvermessungsamt den Beruf eines Topographen. 1940 wurde er zum Kriegsdienst einberufen. Nach Kriegsende arbeitete er eine Zeitlang als Fußballreporter, Buchhändler und Lokalredakteur bei einer Zeitung. 1951 trat er ins elterliche Geschäft ein und legte 1958 seine Meisterprüfung als Ofensetzer ab. Nachdem er 1964 die „Spielekritik" in Deutschland erfunden hatte, schrieb er von da an bis zum Jahre 1975 für „Die Zeit" und die „Frankfurter Rundschau" wöchentliche Kolumnen. Als sein Vater starb, verkaufte er den Handwerksbetrieb und zog 1971 nach München. Dort gründete er „Kuckuck & Straps, den Verlag mit den kleinsten Auflagen dieser Welt."

Sein Lebenswerk ist äußerst vielfältig. Es reicht von autobiographischen Romanen und phantasievollen Kinderbüchern über Spielekritiken und Nonsenstexte bis hin zu Dia-
lektgedichten und einem bayerischen Dialektatlas. Zweier-
lei ist Oker besonders wichtig: die Pflege der Oberpfälzer
Mundart, in der er eine vernachlässigte Variante des Bayerischen sieht, und die Aktivierung der Phantasie seiner Leser.
Nie fehlt es an Humor und Esprit, die alle seine Werke auszeichnen und einzigartig machen.

Sein Erstlingsroman war „Winnetou in Bayern", der – ange-
lehnt an Ludwig Thomas „Lausbubengeschichten" – von
Streichen und Taten einiger bayerischer Buben erzählt, die,
von Karl May inspiriert, einen Indianerstamm gründen. In
dem Schelmenroman „Lebensfäden" erzählt er – herrlich
deftig und gleichzeitig überraschend empfindungsreich – die
Lebensgeschichte Fritz Kagerers, in dem man unschwer die
Person des Autors wiedererkennen kann. Für sein Kinderbuch „Babba, sagt der Maxl, du mußt mir eine Geschichte
erzählen" erhielt er 1973 den Astrid-Lindgren-Preis. Das
Buch enthält siebzehn phantasiereiche und urkomische Geschichten, die er für seinen Sohn Maximilian erfunden und
auf Anraten seiner Frau aufgeschrieben hat. Das Neue an
diesen Geschichten ist die Erzählmethode, die Anregung geben kann für ein gemeinsames Geschichtenerfinden. Der
große Zuspruch und Erfolg dieses Buches veranlaßte Oker,
1989 einen zweiten Band nachzuschieben: „Der Elefant, der
Maxl, der Babba und die Klasse 4 b". Außerdem wurden
1991 sechs der Geschichten vom Bayerischen Rundfunk als
Sendungen für das Kinderfernsehprogramm produziert.
Dazu zeichnete die Graphikerin Rosi Vogel die Bilder, und
Jörg Hube trug die Geschichten vor.

Marlene Reidel (geb. 1923 in Landshut)

Reidel ist das älteste von sieben Kindern eines Tagelöhnerehepaars. Sie wuchs auf dem Einödhof Krottental in Niederbayern auf. Nach der Volksschule begann sie eine Lehre in einer keramischen Werkstatt. 1943 wurde sie an der Münchner Akademie der bildenden Künste aufgenommen und studierte dort Malerei. Seit 1948 ist sie mit dem Bildhauer Karl Reidel verheiratet. Mit ihren sechs Kindern lebt das Ehepaar in Kummhausen bei Landshut. 1957 veröffentlichte Marlene Reidel das Bilderbuch „Kasimirs Weltreise", für das sie ein Jahr später den Deutschen Jugendbuchpreis erhielt. Dieser völlig unerwartete Erfolg war für sie Anlaß, sich in den nächsten Jahren intensiv mit der Kinderliteratur zu beschäftigen.

Für die zahlreichen Bilder- und Kinderbücher, die sie seitdem geschrieben und illustriert hat, wurde sie u. a. mit dem Kulturpreis Ostbayern sowie dem Sonderpreis der Deutschen Akademie für Kinder- und Jugendliteratur ausgezeichnet. Einen Querschnitt aus ihrem Schaffen zeigt der Sammelband „Der bunte Schmetterling", der u. a. die Bilderbuchgeschichten „Der Lorenz", „Der Mäusefranz", „Der schöne Erich", „Antonia", „Der Gabriel mit dem Zauberstab" und „Anna und die Weiherhex" enthält.

In dieses Buch packt sie ihre Jugenderinnerungen hinein und schildert – ins Allgemeingültige überhöht – Grundsituationen des ländlichen Lebens aus der Sicht eines Kindes. Anläßlich ihres 70. Geburtstags bekam die „große Dame niederbayerischer Kunst" reichen und herzlichen Beifall für ihre vielgestaltig-farbsatten, einfühlsamen und psychologisch überzeugenden Bild-Text-Geschichten – „über Jahrzehnte dargebracht an große und kleine Kinder".

Harald Grill (geb. 1951 in Hengersberg)

Grill wuchs in Regensburg auf, als Sohn eines Landwirts, der seinen Beruf wegen einer Kriegsverletzung nicht mehr ausüben konnte und zum Postangestellten umschulen mußte. Von 1973 bis 1988 war er als Pädagogischer Assistent an einer Hauptschule im Landkreis Regensburg tätig. Heute lebt er mit seiner Frau und zwei Söhnen in einem Oberpfälzer Dorf namens Wald. Grill, der mehrere literarische Stipendien und Auszeichnungen erhielt, ist seit 1988 freiberuflicher Schriftsteller. Er veröffentlichte fünf Gedichtsbände – einige davon in Mundart (u. a. „findling unterm herz", „wenn du fort bist", „einfach leben") –, arbeitet für mehrere Zeitschriften und Zeitungen, schrieb vier Theaterstücke (u. a. „Dem Hans sei Ganshaut oder Wo die Liebe hinfällt", „Vater unser"), aber auch Drehbücher fürs Fernsehen und Szenen für den Rundfunk. Ein beachtlicher Erfolg war sein erster Roman für Erwachsene „Hochzeit im Dunkeln".

An Literatur für Kinder sind vor allem drei Taschenbücher zu nennen: die Hansi-Geschichten „Gute Luft – auch wenn's stinkt", zwölf Erzählungen über das Leben auf dem Land, die Erzählung „Da kräht kein Hahn nach dir", die Geschichte Bernds, der vom Land in die Stadt ziehen muß, und neue

Geschichten vom Land mit dem Titel „Hans im Glück – hin und zurück". Es sind durchwegs kritische Heimaterzählungen, die sehr authentisch von Problemen, die mit dem Dorf- und Bauernleben heutzutage verbunden sind, berichten. Das Bernd-Buch ist – wohl einmalig in der Kinderbuch-Szene – zusätzlich auch in einer Dialektfassung unter dem Titel „Da Schatz auf da Hochhausinsel" erschienen. Dies zeigt, daß es kaum einen Kinderbuchautor gibt, der die Mundart so konsequent vertritt und mit der Hochsprache kombiniert wie er.

Typisch für die Kinderbücher Grills ist das Fehlen explizit geäußerter Absichten und deutlich ausgesprochener Botschaften. Der Autor vermeidet es, Flagge zu zeigen; er begnügt sich mit der Rolle des Informanten und versteht sich als „Geschichten-Finder", nicht etwa als „Geschichten-Erfinder". In einem Interview äußerte er sich einmal so: „Ich beschreibe nur, beschreibe, was passiert. Ich bin Chronist – nichts darüber hinaus!" Er will auf keinen Fall von oben nach unten, von der Position des wissenden und überlegenen Schreibers aus den jungen Leser belehren. Das mag ein Hauptgrund sein, warum seine Bücher bei den jungen Lesern so gut ankommen und sich so gut für den Unterricht eignen.

P = Phantasiefiguren in der Kinderliteratur

... und warum Kinder sie brauchen

Seit geraumer Zeit hat das phantastische Kinderbuch nun schon Konjunktur. In den 70er Jahre – ausgelöst wohl durch John Ronald Reuel Tolkiens „Kleinen Hobbit" und eingeleitet durch die Bücher von Otfried Preußler („Krabat"), Astrid Lindgren („Die Brüder Löwenherz") und Michael Ende („Momo" und „Die unendliche Geschichte") – begann die Vorliebe und Begeisterung der jungen Leser für phantastische Literatur spürbar zu wachsen. Seitdem schwimmt sie auf einer Dauererfolgswelle; von einem Nachlassen des Phantasiebooms ist – angesichts des augenblicklichen Harry-Potter-Fiebers – weit und breit nichts zu spüren.

Pädagogen und Literaturwissenschaftler stehen der Faszination, die Kinderbuchautoren an phantastischen Stoffen haben, und der Begeisterung, mit der sich junge Leser auf phantastische Geschichten stürzen, einigermaßen überrascht, zum Teil auch skeptisch, gegenüber. Sie fürchten, die Phantasiesucht sei „Opium fürs Kind", käme einer Flucht vor dem Leben, der Gegenwart und der Realität in eine Traum- und Wunschwelt gleich und führe in ein Abgleiten in die Harmlosigkeit.

Die teilweise heftig geführte Diskussion über den pädagogischen und psychologischen *Wert phantastischer Kinderliteratur* hat zwischenzeitlich zur Klärung einiger bis dahin strittiger Fragen geführt.

- Man hat erkannt, daß die Zweiteilung der Kinderliteratur in „phantastisch" und „realistisch" viel zu grob, zu starr und im Grunde unbrauchbar ist. Mit einer solchen „Holzhackerunterscheidung" wird man den Übergangs- und Mischformen, die zwischen den beiden Polen „Phantastik" und „Realistik" liegen, in keiner Weise gerecht. Gerade dort, wo die phantastische und die reale Erzählebene ineinandergreifen, wo scheinbar Unzusammenpassendes miteinander verflochten wird, befinden sich – pädagogisch und entwicklungspsychologisch gesehen – die interessantesten Positionen. Es ist offenkundig geworden, daß es neben einer irrealen und märchenhaften Phantasie auch Formen einer phantastischen Literatur gibt, die den Leser nicht aus seiner Welt ausschließen, die auf konkrete Lebensprobleme bezogen sind und allgemeingültige Werte vermitteln können.

phantastische Kinder- und Jugendliteratur

realistische Kinder- und Jugendliteratur

- Man hat herausgefunden, daß phantasie- wie realitätsorientierte Kinderbücher – so unterschiedlich sie im Inhaltlichen und Formalen auch aussehen mögen – letztlich das gleiche „Gesicht" zeigen können: Beide können sowohl progressive und emanzipatorische als auch reaktionäre und antiemanzipatorische Qualitäten haben. Über beide lassen sich erzkonservative Ideen ebenso vermitteln wie zeit- und gesellschaftskritische. Lesen ist nie reine Unterhaltung, Lesen um des Lesens willen, sondern immer mit (positiven oder negativen) Effekten verbunden. Bücher erklären oder verschleiern, sie geben gute oder zweifel-

hafte „Lehren" für das eigene Leben, die eigene Gegenwart, sie erleichtern oder erschweren die Antwort auf die
Frage, wer wir und andere sind, wie wir und andere geworden sind.

- Man weiß über das Zusammenspiel von phantastischer
  und realistischer Kinderliteratur genauer Bescheid. Dem
  Leser, der phantastische Kinderbücher bevorzugt, wurde
  gern „Flucht aus der Wirklichkeit" vorgeworfen, und dem
  Leser, der lieber realistische Kinderbücher auswählt,
  „Hilfe zu ihrer Bewältigung" verheißen. Wer es sich so
  einfach macht, liegt falsch. Dies liefe auf ein gegenseitiges
  Ausspielen phantastischer und realistischer Kinderliteratur hinaus und würde die Forderung Bettelheims mißach-
  ten, nach der ein Kind nur dann in allen Teilen seiner sich
  entfaltenden Persönlichkeit in der rechten Weise angesprochen und gefördert wird, wenn es sich in einer psychologisch ausgewogenen Weise mit realistischen *und*
  phantastischen Texten auseinandersetzt.

Schließlich ist man sich auch über die *Funktionen der literarischen Phantasiegefährten*, die die Kinderbücher bevöl-
kern, klar geworden und weiß um ihre besondere Bedeutung. Davon soll im folgenden die Rede sein.

In der Kinder- und Jugendliteratur ist die Zahl phantastischer Figuren Legion. Die Fülle und Vielfalt an guten und
bösen magischen Wesen – seien es Hexen, Monster, Zauberer, Zwerge, Feen, Gespenster, Vampire, Kobolde, Drachen, Luftgeister oder Doppelgänger – nötigt dazu, der Frage nachzugehen, worin der besondere Reiz liegen mag, den
sie auf Kinder ausüben.

Untersucht man die Phantasiefiguren, die junge Leser favorisieren, so zeigt sich,

- daß die Phantasiegefährten oftmals Züge aufweisen, die
  die Kinder an sich selbst wiederfinden können, oder Vorlieben haben, die ihnen besonders entsprechen, also Komik, Spaß, Unfug und Streiche; man denke nur an die Beliebtheit von Ellis Kauts „Pumuckl"

- daß sie Wünsche „wahr" werden lassen, die für das Kind in der Realität unerreichbar sind oder nicht ausgelebt werden dürfen; ein besonders eindrucksvolles Beispiel ist Astrid Lindgrens „Pippi Langstrumpf", die sich – mit phantastischen Fähigkeiten ausgestattet – ungeniert über Regelungen und Normen des Zusammenlebens hinwegsetzt

- daß sie Eigenschaften verkörpern, die wohlerzogenen Kindern untersagt sind, nach denen sie sich aber heimlich sehnen; Astrid Lindgrens „Karlsson vom Dach" mag als Prototyp für jene Phantasiefiguren stehen, die dem Protagonisten des Buches wie dem jungen Leser als Entschuldigung für jeglichen Unfug dienen und die stellvertretend ausleben dürfen, was diesen verboten ist.

Komplizierter scheint die Rolle jener irrealen Figuren zu sein, die nicht in erster Linie zum Vergnügen des jungen Lesers und zur Erfüllung seiner verborgenen Wünsche eingesetzt werden, sondern die in Verbindung mit konkreten Problemen auftauchen. Sie dienen ja nicht nur als Leseanreiz, sondern vor allem, um Motive und Themen ins Spiel zu bringen, zu denen die Kinder – „realistisch" beschrieben – nur schwer einen Zugang finden. Gemeint sind Phantasiegestalten, die pädagogische oder politische Ideen vermitteln oder psychologische Vorgänge ins Bild setzen wollen.

Bei genauerer Betrachtung stellt sich heraus, daß die Ausgangslage und der Ablauf der Geschichten, in denen imaginäre Wesen dieses Typs auftreten, große Ähnlichkeiten aufweisen. Zu Beginn werden die Probleme einer kindlichen Hauptfigur beschrieben, die sie mit der Schule, dem Freundeskreis oder den Eltern hat. Die seelischen Konflikte, denen die Protagonisten ausgesetzt sind, werden im weiteren Verlauf durch die Phantasiewesen gelöst; je nachdem, ob es sich um „gute" oder „böse" handelt, greifen sie entweder helfend ein (wie der unsichtbare Indianer in „Hannes Strohkopp") oder werden zum Verschwinden gebracht (wie das herrschsüchtige Monster in „Wenn ein Unugunu kommt").

Die Kinder bedürfen der Phantasiegefährten immer nur für eine gewisse Zeit; am Ende, nachdem sie ihren Zweck erfüllt haben, verschwinden sie wieder oder werden vergessen.

Den Buchfiguren fehlen zumeist alle Eigenschaften eines Helden. In der Regel handelt es sich um unsichere, ängstliche, schwache Menschen, die von ihrer sozialen Umwelt nicht anerkannt werden oder vor schwierigen familiären Problemen stehen (Elternlosigkeit, Scheidung der Eltern, Tod eines Elternteils, Mangel an Liebe, Angst vor der väterlichen Autorität usw.).

Es sind Einzelgänger, wie Erich im „Nachtschimmi" von Gwen Strauss und Anthony Browne, der sich eingekapselt hat und mit niemandem sprechen will; es sind körperlich unterlegene und alleingelassene Kinder wie Hodder in dem gleichnamigen Buch von Bjarne Reuter; es sind dicke Kinder wie Irina Korschunows Hanno, der unter seiner Unsicherheit und Außenseiterrolle leidet; es sind ängstliche Menschen wie Herr Taschenbier in den „Sams-Geschichten" von Paul Maar. Allen kommt eine phantastische Figur zu Hilfe, die einen inneren Reifungsprozeß – von anfänglicher Verunsicherung zu sozialer Anerkennung – in Gang setzt und begleitet. So wird aus dem ängstlichen, angepaßten Herrn Taschenbier ein selbstbewußter Mensch, der es lernt, sich anderen Menschen gegenüber zu behaupten. Hilfe leistet ihm dabei das „Sams", ein furcht-, ja beinahe respektloses phantastisches Wesen. Hanno löst seine Probleme mit Hilfe eines kleinen Drachens, der in seinem Land auch eine Außenseiterrolle spielt. Bei gemeinsamen Unternehmungen machen sich die beiden gegenseitig Mut. Indem der Drache die Machtposition und Stärke des Angebers Ludwig Hall immer wieder in Frage stellt, fördert er Hannos Selbstvertrauen und seinen Mut zum Widerstand. Und weil der Drache Schulprobleme hat, fühlt sich Hanno bestätigt, wenn er dem Drachen zeigen kann, wie man schreibt, malt oder turnt. Auch Hodder kommt über all die Demütigungen seiner Mitschüler hinweg – dank seiner Phantasiegefährten, vor allem einer Fee, die ihn nachts besucht und ihm prophezeit, er sei ein Ausgewählter und werde die Welt erretten. Von da an geht er gestärkt in die Schule, fühlt sich immer besser, „strotzt vor Energie". Am Ende, als er mit Philipp einen Freund gefunden hat, können seine Phantasiefiguren verschwinden. Der stille, einsame und in sich gekehrte Erich schafft sich in seiner Phantasie eine zweite Ausfertigung seiner selbst, einen Freund, den „Nachtschimmi". Mit dem kann er sich unterhalten, der versteht seine Ängste, der hilft ihm bei allen Schwierigkeiten. Erst als Erich die gleichaltrige Marisa kennenlernt, die ihn nicht verspottet und ihn so akzeptiert, wie er ist, braucht er seinen geheimen Freund nicht mehr.

Schon diese kleine Auswahl zeigt, daß es typische Abläufe gibt, wenn Autoren einen phantastischen Gefährten zur Lösung seelischer Konflikte einsetzen. In aller Regel vertraut ihm die Buchfigur während ihres Reifungsprozesses vollkommen; hat der magische Helfer seine Schuldigkeit getan, kann er gehen.

Aber es gibt Ausnahmen. Manche Autoren halten Phantasiewesen und Buchlösungen dieser Art für ungeeignet und gehen einen anderen Weg, vor allem dann, wenn sie ältere Kinder ansprechen möchten. Während Irina Korschunow in ihren Büchern für das erste Lesealter – wie bei „Hanno malt sich einen Drachen" – die Buch-„Helden" nach dem oben beschriebenen Muster in festem Vertrauen auf ihre Phantasiefiguren schildert, problematisiert sie in ihrer Erzählung vom „Unugunu", einem tyrannischen, aufgeblasenen Gummimonster. Dieses Wesen tritt nicht als Wunschphantasie auf, sondern als Gegner und Feind des Protagonisten. Es zwingt ihn geradezu zum aktiven Widerstand, indem es un-

terschwellig vorhandene Konflikte auszulösen und an die
Oberfläche zu bringen vermag. Damit setzt es aber auch einen Reifungsprozeß in Gang. Ähnliches ist über „Kumi-
Ori" in Christine Nöstlingers „Wir pfeifen auf den Gurkenkönig" zu sagen, der erst durch die Solidarisierung der Familie Hogelmann zum Verschwinden gebracht wird.

Erwachsenen bereitet es häufig Schwierigkeiten, den *Wert
von Phantasiegefährten* richtig einzuschätzen. Obwohl Selma Fraiberg längst nachgewiesen hat, daß ihre Erfindung
und ihre Existenz für Kinder etwas ganz Natürliches sind,
wird der Nutzen solcher phantastischer Vorstellungen immer noch verkannt. Man fürchtet, sie seien Anzeichen einer
Regression oder gar einer latenten Neurose, vor allem wenn
das Kind bereits im Schulalter ist. Es wird dabei jedoch übersehen, daß sie auch ganz einfach Ausdruck der schöpferischen Kräfte eines Kindes sein können, die es ihm ermöglichen, mit der Realität zurecht zu kommen und sie zu berei-
chern. Literarische Phantasiegefährten fungieren – so sieht
es Selma Fraiberg – als Medien, mit deren Hilfe ein Kind die
Enttäuschungen der Wirklichkeit leichter ertragen und die
Anforderungen der Realität besser erfüllen kann. Sie geben
Kindern einen Freiraum, den sie – angesichts des Bombar-
dements an Reizen und Informationen, denen sie heutzutage ausgesetzt sind – dringend benötigen. Als ergänzende
und kompensierende Komponente zur realen Daseinswelt
sind sie für die Kinder von existentieller Bedeutung. Wer es
ihnen verweigert, sich zwischendurch in eine Welt zu bege-
ben, in der ihre tiefsten Wünsche Erfüllung finden, schadet
ihnen. Auf den Vorwurf, die Vorliebe für phantastische Literatur sei doch wohl Ausdruck eines bedenklichen Eskapis-
mus, antwortete einer der besten Sachverständigen in Fragen der Phantastik, John Ronald Reuel Tolkien, kurz und
bündig: „Wer hat eigentlich was gegen Entrinnen? Doch nur
die Gefängniswärter!"

Q = Qualitätsanforderungen an ein Kinderbuch

Ein Maßstab zur Beurteilung von Kinderliteratur gesucht!

Die einfachste und zugleich schwierigste Frage, vor der jeder, der sich mit Kinder- und Jugendliteratur beschäftigt, ständig steht, lautet: Was ist ein gutes, richtiges, passendes, empfehlenswertes, den kindlichen wie den literarischen Ansprüchen genügendes Buch?

Das Problem der Auswahl und Beurteilung wird um so akuter, je mehr Novitäten auf dem Kinder- und Jugendbuchmarkt erscheinen; deren Menge nimmt von Jahr zu Jahr zu und nähert sich in Deutschland inzwischen der Zahl 4000. Natürlich gibt es Hilfen von vielen Seiten, um in der Fülle des Angebots den Überblick nicht zu verlieren. Man findet Rezensionen in Fachzeitschriften (wie im „Eselsohr" oder in „Tausendundein Buch") oder Wochenzeitschriften (wie in der „Zeit" oder der „Süddeutschen Zeitung"), es werden Empfehlungslisten herausgegeben (etwa von der „Deutschen Akademie für Kinder- und Jugendliteratur", vom „Arbeitskreis für Jugendliteratur" oder der „Stiftung Lesen"), regelmäßig werden – nach Art der Bestsellerliste im „Spiegel" – „Die besten Sieben" gekürt und es gibt eine Vielzahl von Preisverleihungen (über 50 Institutionen vergeben an Kinder- und Jugendliteratur jährliche Buchpreise, der angesehenste ist der „Deutsche Jugendliteraturpreis").

Dies alles aber enthebt einen nicht der Notwendigkeit, sich immer wieder mit Kinderliteratur gründlich auseinanderzusetzen und sich ein eigenes Urteil über das eine oder andere Kinderbuch zu bilden.

Dabei stellen sich einem zunächst einmal drei *generelle Hindernisse* in den Weg:

- Man muß mit dem Problem zurechtkommen, ein Buch zu bewerten, das nicht für Erwachsene geschrieben ist, dessen Adressaten vielmehr Heranwachsende sind; man hat sein Urteil für die Kinder und in deren Namen auszusprechen. Gern wird als Ratschlag gegeben, man müsse sich nur zurückversetzen in die eigene Kindheit oder man müsse sich hineinversetzen in ein Kind von heute, dann käme man ganz gut damit zu Rande. Als ob dies so einfach wäre!

- Man muß zu einer Wertung, zu einer Qualifikation des Buches, zu einer Stellungnahme über das Buch kommen. Es genügt nicht, den Inhalt beschreibend zu entziffern und über die Thematik des Buches zu informieren. Das ist nur die eine Seite der Münze. Vom Rezensenten wird ein begründetes Urteil verlangt, in der Form: „Ich finde das Buch gut, schlecht, mittelmäßig, weil ...". Dabei stößt man unweigerlich auf die Schwierigkeit, sich kaum oder nur schwer von subjektiven Empfindungen freizuhalten. Immer ist damit zu rechnen, daß in ein sogenanntes abschließendes Urteil der ganz persönliche Eindruck, der persönliche Geschmack, die persönlichen Kenntnisse und Erfahrungen, die persönlich für wichtig gehaltenen Normen einfließen.

- Man muß von der Hoffnung Abschied nehmen, es gäbe jemals einen umfassenden Analyseraster für Kinderbuchbeurteilungen, den man sich – Plus- und Minuspunkte vergebend – vornehmen und mit dem man am Ende, nach dem Auszählen der Punkte, zu einer klaren und überzeugenden Wertung gelangen könne. Daß dies niemals möglich sein wird, liegt in der Natur der Sache begründet. Was für alle anderen ästhetischen Produkte gilt, trifft auch hier zu: Es gibt – wie es James Krüss treffend zum Ausdruck brachte – „keinen verläßlichen Wertmaßstab, den man jedermann in die Hand drücken kann mit den Worten: Nimm und miß! Das ist der Nachteil, aber auch der Vorzug der Kunst. ... Kennerschaft muß langsam erlesen, erhört, ertastet werden." Dabei ist es gleichgültig, ob man sich mit Texten für Kinder oder mit Texten für Erwachsene beschäftigt.

Nun ist aber nicht zu übersehen, daß von seiten der Kinderbuchexperten dennoch immer wieder versucht wurde, solche Kriterienkataloge zur Beurteilung von Kinder- und Jugendbüchern vorzulegen. Wer sich ihrer bedient, muß sie so benützen, wie sie gemeint sind: als mehr oder weniger brauchbare Vorschläge und mehr oder weniger hilfreiche Hinweise, nicht aber als Entscheidungsvorschriften, an die man sich sklavisch zu halten habe.

Bei meiner eigenen Rezensententätigkeit haben mir die von Karl Ernst Maier genannten Phasen innerhalb des Analyseprozesses geholfen. Er schlägt drei Hauptrichtungen vor, die literarästhetische, pädagogisch-funktionale und leserkundliche, auf die der Rezensent seine Aufmerksamkeit lenken solle. Sie stehen in enger Beziehung zu- und untereinander; wer zu jeweils einem Aspekt Stellung nimmt, muß immer auch die anderen beiden „im Hinterkopf" haben. Sie sollten also nicht getrennt, in einem zeitlichen Nacheinander, sondern zugleich, in einem einzigen Zug, betrachtet werden.

- *Die ästhetische Seite* bezieht sich auf das sprachliche und gestalterische Niveau eines Buches. Es geht also um den Inhalt des Buches, um das Verhältnis von Wirklichkeit und Phantasie und um das Gesellschafts- und Menschenbild, das zum Ausdruck gebracht wird, aber auch um die Frage nach der kompositorischen und stilistischen Qualität.

- *Die pädagogische Seite* bezieht sich auf die erzieherische Relevanz eines Buches, hier setzt man sich mit der „Botschaft" eines Buches auseinander.

Es geht also um vermutliche Wirkungen im Bereich des
Wissens (Information), der Einstellungen und des Verhaltens (Werte und Normen) und um die Frage, inwieweit die
explizit oder implizit anvisierten Erziehungsziele akzeptabel sind oder nicht.

• *Die psychologische Seite* bezieht sich auf die inhaltliche
und sprachliche „Passung" zwischen Kind und Buch, berücksichtigt die Entwicklungsbedingungen der Kinder
und ihre literarische Auffassungsgabe.

Es geht also um Überlegungen zum Individual- und Sozi-
altypus des Lesers und um die Frage, wie der Text von ihm
angenommen, (emotional) erlebt und (kognitiv) verstanden wird.

Trotz dieser Formel „*ästhetische* × *pädagogische* × *psychologische Werthaltigkeit*" bleibt die Beurteilung eine problematische Angelegenheit, denn selbst wenn man sie
grundsätzlich akzeptiert, so hat doch jeder eine etwas andere Meinung darüber, wieviel Gewicht jedem einzelnen dieser Aspekte zukommen sollte. Auch mit einem noch so aus-
differenzierten Kriterienkatalog lassen sich literarische Texte – wie es Roberto Cotroneo in einem seiner „Briefe an seinen Sohn über die Liebe zu Büchern" formuliert – nicht bis
ins letzte erklären, „ausschöpfen ... ohne dabei Gefahr zu
laufen, sie einzuschränken oder gar grobe Fehler zu machen." Literatur lesen und interpretieren „ist immer auch
dies: eine Wahl. Ein Wille, sich aus einem Text etwas heraus-
zugreifen, einige Aspekte und keine anderen."

Wer Kinder- und Jugendbuchbeurteilungen unter die Lupe
nimmt, dem fällt auf, daß es bestimmte Formen gibt, wie
Kinder- und Jugendbuchkritik *nicht* erfolgen sollte.

• Oft ist zu beobachten, daß ein Rezensent – munter am
Kinderbuch vorbeiplaudernd – eitel sein Allgemein- und
Spezialwissen zum besten gibt. Über das Buch und seinen
Autor schreibt er wenig, über sich um so mehr. Er miß-
braucht das Buch als Fenster, um sich selbst zur Schau zu
stellen.

- Sehr häufig sind Rezensionen zu finden, bei denen der Inhalt der Geschichte nacherzählt wird und das Ganze – ohne daß dies im einzelnen begründet wird – in einem Pauschalurteil endet. Die Kinderbuchkritik darf sich nicht damit begnügen, zu sagen, *was* ein Text erzählt, sondern muß auch darauf eingehen, *wie* er es erzählt.

- Es fällt auf, daß im Lager der Kinderliteratur der vorsichtige, wohlwollende und auf Harmonie bedachte Typ des „Sanft-Beurteilers" dominiert. Die Neigung zu günstigen Urteilen ist bei weitem ausgeprägter als die zur harten Kritik oder gar zu Verrissen.

Unter Kinderbuchrezensenten scheint immer noch die irrige Meinung zu herrschen, hier könne man es sich leichter machen als bei Erwachsenenbüchern, brauche es nicht so genau zu nehmen wie dort.

Buchbeurteilung bedeutet reflektiertes Auseinandersetzen, überlegtes Deuten und begründetes Werten. Sie wird sich deswegen auf mindestens zwei Ebenen abspielen müssen:

- auf der Ebene des vorläufigen, ersten, noch undifferenzierten, naiven Verstehens, in das alle persönlichen Erfahrungen, Kenntnisse, Geschmacksempfindungen, Meinungen, für wichtig gehaltenen Normen ... ungefiltert mit einfließen

- auf der Ebene des geläuterten, kontrollierten, objektivierten Verstehens, bei dem die voreilig gewonnenen, nicht gründlich genug bedachten, stark subjektiv getönten Erkenntnisse versachlicht werden sollten.

Eine Buchanalyse hat man sich also spiralartig vorzustellen: ein erster Anlauf, um eine intuitive Vorstellung zu bekommen, spätere Anläufe, um inhaltlich und formal tiefer einzudringen. Sie hat zum Ziel, den ersten Eindruck, das vorläufige Verständnis zu objektivieren. Dabei kommt es zu einer Bestätigung, Differenzierung, Akzentuierung, mitunter auch zu einer Widerlegung der fürs erste gemachten Erkenntnisse.

Daß dazu ein mehrmaliges Lesen notwendig ist, liegt auf der Hand; allein deswegen, weil man in aller Regel nicht schlagartig erkennt, was gemeint ist, weil man nicht sofort und auf Anhieb erfaßt, was der Text bedeutet, weil man nach der Erstbegegnung mit ihm oft unsicher ist und weil man über dieses Gefühl der Ratlosigkeit und Unsicherheit nur durch vertiefte Lektüre und durch eingehendes Befragen des Textes hinwegkommt.

Um dahin zu gelangen, genügt es nicht, das Buch einmal zu lesen. Mindestens zwei ganze Lesedurchgänge sind nötig und einige Teile ein weiteres Mal (den Anfang, den Schluß und einiges zwischendrin, weil dort erfahrungsgemäß oft ein wenig geschludert wird). So viel Mühe muß sein. Nichts gibt es umsonst und ein gut begründetes Urteil schon gar nicht. Kritikern, die ihre Meinung – kaum daß die letzte Seite des Buches erreicht ist – sofort präsent haben, ist zu mißtrauen!

R = Realistik im Kinderbuch

Wieviel Wahrheit brauchen die Kinder?

„Es gibt eine Literatur für Kinder, deren Verlogenheit kränkend ist. Die Welt wird verschönt, verkleinert, bekommt Wohnstubengröße. In ihr geschieht nichts Unzuträgliches und wenn, dann springt immer ein Held aus der Ecke, das Kind zu schützen. Man kann Kinder nicht schützen. So nicht." Diese zornigen Sätze stammen aus einer Rede, die Peter Härtling 1969, anläßlich der Verleihung des Deutschen Jugendbuchpreises, gehalten hat. Inzwischen hat sich diesbezüglich vieles gebessert.

Der Vorwurf, die Kinderliteratur klammere die Darstellung der harten Wirklichkeit gerne aus und kümmere sich zu wenig um die aktuellen Probleme der Gesellschaft, trifft für das zeitgenössische Kinderbuch kaum noch zu. Daß man Kinder mit gewissen Themen nicht belasten dürfe und bestimmte Konfliktbereiche vor ihnen möglichst lange verbergen solle, diese Auffassung hat sich längst als Irrtum erwiesen. Kinder von heute wissen und spüren sehr genau, daß es neben den liebenswerten, heiteren, harmonischen und „runden" Seiten des Lebens auch eine andere Realität gibt, in der das Düstere und Böse, das Traurige und Kalte, das Bedrängende und Grausame vorherrschen. Sich mit diesen Momenten – relativ risikolos und distanziert auf der Ebene des „Rein-Literarischen" – auseinanderzusetzen, ist von Zeit zu Zeit sehr angebracht; es kann zum besseren Verstehen führen und dem jungen Menschen Erleichterung verschaffen.

Die Kinderbuchautoren haben sich in den letzten Jahrzehnten Themenbereiche erschlossen, die bis dahin für die jungen Leser tabuiert und den Erwachsenen vorbehalten waren. Begonnen hatte der Trend zur Realistik in den 70er Jahren, als Autoren wie

- Ursula Wölfel („Die grauen und die grünen Felder" 1970 –
  mit dem bezeichnenden Untertitel „Wahre Geschichten"),

- Peter Härtling („Und das ist die ganze Familie" 1970 und
  „Das war der Hirbel" 1973),

- Christine Nöstlinger („Wir pfeifen auf den Gurkenkönig"
  1972 und „Maikäfer flieg!" 1973)

- und etwas später vor allem Max von der Grün („Vorstadtkrokodile" 1976)

richtungsweisende Werke vorlegten.

Heute gibt es zu jedem denkbaren Problembereich – mag es
sich um „Hunger" oder „Leid", „Gewalt" oder „Krieg",
„Naturzerstörung" oder „Massentierhaltung", „Behinderung" oder „Kindesmißhandlung", „Außenseiter" oder
„Dritte Welt", „Drogen" oder „Krankheit", „Sterben" oder
„Tod" handeln – eindrucksvolle und aussagestarke Bücher
für Kinder und Jugendliche. Selbst das lange Zeit verdräng-
te, heikle und sehr viel Fingerspitzengefühl erfordernde
Thema „Judenverfolgung und Holocaust" blieb nicht ausge-
spart. Versuche, dieses besonders schreckliche Kapitel unserer Geschichte aufzuarbeiten und den Kindern in verständli-
cher Form zu vermitteln, gibt es eine ganze Reihe – bis hinein in den Bereich des Bilderbuches (drei besonders herausragende Beispiele seien genannt: „Rosa Weiß" von Roberto
Innocenti, „Judith und Lisa" von Elisabeth Reuter und „Die
große Angst unter den Sternen" von Jo Hoestlandt und Jo-
hanna Kang).

Gegner solcher Kinderbücher, die unverhüllt die Realität
abbilden und eine (Kinder-)Welt zeigen, die in erschrecken-
der Weise in Unordnung geraten ist, sind gern der Auffassung, daß man Kinder mit derartigen Themen nicht belasten
dürfe. Sie befürchten, dies verdüstere ihre unbeschwerten
Kindheitsjahre, dies flöße ihnen Angst und Lebensunsicher-

heit ein und dies verderbe die kindlichen Seelen fürs ganze Leben.

Dieser Behauptung ist zunächst aus *anthropologischen Überlegungen* entgegenzutreten. Wer Probleme und Belastungen vor Kindern ständig zu verstecken sucht, geht in der Regel von der Vorstellung aus, kindliches Dasein sei mit purer Heiterkeit, Unschuld und Glückseligkeit gleichzusetzen. Aber – so erkannte Heinrich Roth schon in den 70er Jahren – „Kinder sind nicht nur glückliche Wesen, sondern auch unglückliche. Es gibt Entwicklungsfreuden und Entwicklungsleiden. Auch für das Kind gibt es zunehmend Nöte, Sorgen, Furcht, Angst und 'frühes Leid.'" Es ist ein Irrtum, die oft harte Realität aussperren, Probleme vor den Kindern peinlich verbergen zu wollen; denn Kinder wissen um sie und erfahren von ihnen – ob wir es wollen oder nicht – auf ganz anderen Kanälen, übers Fernsehen vor allem und übers Internet. Befragt nach der Bedeutung seiner ersten nachhaltigen Leseerfahrungen schreibt Peter Weiss: „Es war besser, ganz nah vor der Gefahr zu stehen und ihr in die Augen zu blikken, es war besser, zu sehen, daß es sie wirklich gab, als qualvoll allein im Dunkeln zu liegen und sie nur zu ahnen. Auch die Empfindung der Verlassenheit milderte sich, als ich sah, daß andere ähnlichen Erlebnissen unterworfen waren, so war ich nicht mehr ganz so verloren ...".

Damit stößt man auf ein zweites, *(entwicklungs-)psychologisches Argument*, weshalb man realistische Kinderbücher als unverzichtbar für den Lese- und Lernprozeß der Heranwachsenden ansehen sollte. Susanne Kilian und Hans-Joachim Gelberg haben die Wichtigkeit, die Problembücher für die jungen Leser haben, in einer Erklärung zum Kinderbuch „Na und?" sehr bündig so beschrieben: Kinder, die derartige Bücher lesen, sollen erkennen, „daß es anderen ähnlich geht oder auch so wie ihnen selbst, manchmal vielleicht auch schlechter. Sie sollen erfahren, daß sie mit ihren Problemen nicht ganz allein sind."

Die Frage, ob die Heranwachsenden aus realistischen Kinderbüchern lernen werden und ob ihnen eine Übertragung
von der Buchsituation auf die persönliche Ebene, auf die eigenen Probleme, das eigene Leben möglich ist, kann nicht
abschließend beantwortet werden. Dazu fehlen empirisch
ermittelte Beweise. Die eigene Erfahrung und die Erfahrungen anderer sprechen allerdings eine klare Sprache: Alle uns
besonders beeindruckenden Bücher erweisen sich letztlich
als „Spiegelgeschichten", in denen wir uns selber wiederfinden und erforschen können.

Eines steht mit Sicherheit fest: Von sich aus kommen die
Heranwachsenden solange nicht zu einer Bewältigung der
von ihnen geahnten oder auch bitter erfahrenen Konflikte
und Widrigkeiten ihres Lebens, solange die Erwachsenen
versuchen, sie von Problemen künstlich abzuschirmen und
sie zwanghaft in einem Zustand scheinbarer Harmonie und
Widerspruchsfreiheit verharren zu lassen. So lernen Heranwachsende nie, Distanz zu finden zu persönlichen Schwierigkeiten, so wird es ihnen nie gelingen, die Probleme anderer zu sehen und sich in deren Lage hineinzuversetzen, so
werden sie nie fähig, Anteil zu nehmen an den Sorgen und
Konflikten anderer.

Es gibt kaum ein geeigneteres Medium als das realistische
Kinderbuch, um genau diese Erfahrungen, die für ein ge-
deihliches und relativ ungetrübtes Zusammenleben wichtig
sind, zu sammeln und sie den jungen Menschen, deren Bewußtsein noch in einem hohen Maße beeinflußbar und empfänglich ist, nahezubringen. Leo Lionni schreibt über die
Bedeutung der empathischen und identifikatorischen Pro-
zesse, die damit in Verbindung stehen: „Das Kind muß fähig
sein, sich mit den Gestalten in meinen Büchern zu identifi-
zieren, sonst wird es von meinen Geschichten nicht ergriffen
und muß sie, bestenfalls, als etwas Überflüssiges ansehen.
Die Fähigkeit des Sich-Identifizierens, die Fähigkeit,
Schmerz und Freude anderer zu empfinden, ist unsere höch-

ste Gabe. Wenn sie uns verloren geht, werden wir grausam und gefährlich für andere und für uns. Es ist wichtig, daß Kinder darin bestärkt werden, sich einzufühlen und sich in anderen wiederzufinden."

An Kinderbuchautoren, die sich der Realistik, d. h. einer möglichst getreuen Wiedergabe der Wirklichkeit, verschrieben haben, herrscht kein Mangel. Es ließen sich Schränke füllen mit Büchern von Autoren, die mit Engagement und Geschick die vielfältigsten Probleme und schwierigsten Themen aufgreifen und dem jungen Leser die unterschiedlichsten Lösungen und Auswege anbieten. Daß darunter etliche sind, denen man bei genauerem Betrachten kaum mehr als einen guten Willen zuerkennen kann, liegt in der Natur der Sache. Die Behandlung von Problemen im Kinderbuch erfordert sehr viel Einfühlungsvermögen. Der Autor darf – bei allem Ernst und aller Wahrhaftigkeit, die bei der Abfassung des Textes geboten sind – den jungen Leser niemals aus dem Auge verlieren und nicht vergessen, daß die Sprache verständlich und die Handlung spannend und nachvollziehbar bleiben muß, daß das Personarium auch positive Leitfiguren enthalten und die Botschaft Zuversicht und Hoffnung verheißen sollte. Die Qualität dieser Bücher ist nach Winfried Freund von drei Kriterien abhängig: vom „Realitätsgehalt der geschilderten Probleme", von der „Überzeugungskraft der Lösungen und Appelle" und von der „Darstellung aktiver Problemlösungsversuche". Auf die Frage, wie Bücher angelegt sein sollten, damit von ihnen aufbauende Wirkungen erwartet werden können, ist zu antworten: Sie sollten – ohne Verrat am Thema und ohne Verwässerung seiner Problematik – einen optimistischen Grundzug haben, sie sollten Vorstellungen eines menschenwürdigen und lebenswerten Daseins verbreiten und sie sollten Bilder des Möglichen, wenn auch (noch) nicht immer Verwirklichten, vor Augen führen. Bevor jedoch geschönte, irreale oder untaugliche

Lösungen angeboten werden, sollte man eine Geschichte besser offen enden lassen.

Genauso wichtig wie das Vorhandensein geeigneter Bücher ist die Unterstützung von seiten der Erwachsenen. Vor allem sind Lehrerinnen und Lehrer gesucht, die bewußt Bücher der gemeinten Art für eine gemeinsame Lektüre auswählen bzw. ihren Schülern vorschlagen. Neben den Eltern sind sie es, in deren Verantwortung es liegt, für die nötige Verbreitung und Vermittlung zu sorgen. Voraussetzung ist, daß sie von der pädagogischen Relevanz dieser Bücher überzeugt sind und daß sie fähig und bereit sind, die ihnen anvertrauten Kinder mit den Inhalten dieser Bücher wirksam zu konfrontieren. Die Auffassung „Gute Bücher setzen sich von allein, ohne Vermittlungshilfe, durch!" ist nur bedingt richtig. Gerade bei den realistisch-problemorientierten Kinderbüchern handelt es sich zuweilen um Literatur, die nicht auf Anhieb das ungeteilte Leseinteresse der Kinder findet. Oftmals sind es Bücher, die ohne die Schule ein bescheidenes Dasein führen und damit auch kaum bei den jungen Lesern „ankommen" würden.

S = Schreiben zu und nach Texten

Leseerlebnisse als Schreibanlässe

Aufsatzstunden gehören erfahrungsgemäß nicht zu den Lernbereichen, für die die Schüler leicht zu begeistern sind, Aufsatzaufgaben werden in aller Regel nicht sonderlich gern ausgeführt; sie sind – wie Hans Aebli es einmal ausdrückte – „eher Pflicht- als Kürübungen".

Warum das so ist? Weil Lehrer zu oft vergessen, daß Schreiben aus realen und konkreten Notwendigkeiten, aus persönlich bedeutsamen Anlässen und aus kommunikativen, also auf wirkliche Partner bezogenen Situationen herauswachsen sollte. Freilich genügt es nicht, Lehrer immer wieder auf diese schlichte Tatsache aufmerksam zu machen; denn jeder weiß, daß sich derartige Situationen in der Schule nur selten genug zwingend ergeben, sich derartige Anlässe nicht einfach aus dem Ärmel schütteln und derartige Notwendigkeiten sich nicht beliebig herstellen lassen.

Als ein Ausweg aus diesem Problem wird seit Jahren ein *„kreatives Lesen und Schreiben"* gefordert, bei dem das Hervorbringen von selbstverfaßten Texten – auf der Grundlage und als Folge literarischer Leseerlebnisse mit Kinder- und Jugendbüchern – im Mittelpunkt steht. Dies geht auf die unterrichtliche Devise zurück: „Was zusammengehört, soll auch zusammenwachsen." Und weil immer dann, wenn im Deutschunterricht etwas gelesen wird, natürlich über das Gelesene auch nachgedacht, gesprochen und geschrieben wird, sollte das „Lesen und Verstehen von Texten" (Textrezeption) und das „Schreiben zu und nach Texten" (Textproduktion) sooft es geht miteinander verbunden und aufeinander bezogen werden.

Hinweise darauf, wie eng Lesen und Schreiben verschmolzen sind, findet man auch jenseits didaktischer Überlegun-

gen. Von dem Schriftsteller Ror Wolf stammt der schöne
Satz: „Bevor ich geschrieben habe, habe ich gelesen. Bevor
ich gelesen habe, habe ich geschrieben. Aber bevor ich geschrieben und gelesen habe, habe ich mir Geschichten erfunden, in die ich nachts wie in den warmen Bauch hinein-
kriechen konnte." Und Ingo Schulze bemerkte unlängst:
„Würde ich nicht lesen, würde ich auch nicht schreiben.
Könnte ich mir ein Leben ohne Bücher vorstellen, würde ich
keine schreiben."

Von einer Verschränkung von Textrezeption und Textproduktion erwartet man sowohl nachhaltige Wirkungen auf
den „Leseunterricht" aufgrund der begleitenden bzw. nachfolgenden schriftsprachlichen Reaktionen als auch umgekehrt positive Einflüsse auf den „Aufsatzunterricht" aufgrund einer bewußteren und gezielteren Textaufnahme. Es
geht dabei nicht um die Herstellung literarisch hochstehen-
der Texte oder gar um den Versuch, zu „dichten", sondern
darum, die Schüler durch die Begegnung mit Kinderbüchern
zu Produzenten eigener Texte zu machen, indem sie befähigt
werden, Textveränderungen zu erfinden, Texterweiterungen
vorzunehmen, Fortsetzungen herzustellen, Erzählperspek-
tiven zu wechseln, Leerstellen im Text zu ermitteln und auf-
zufüllen, Dialoge zu entwerfen u. ä.

Wilhelm Steffens, ein früher Vertreter dieser Richtung, erkannte schon Anfang der 80er Jahre, daß Kinderbücher
zahlreiche motivierende „Schreibanlässe", und zwar für unterschiedliche Schreib- und Textformen, bieten.

Lehrerinnen und Lehrer, die sich um eine Realisierung des
Lernziels „Schüler schreiben im Anschluß an ein Leseerlebnis eigene Texte" bemühen, sind an drei Voraussetzungen
gebunden: an die Beachtung einiger allgemein-didaktischer
Grundregeln, an das Vorhandensein geeigneter literarischer
Vorlagen und an die Kenntnis erprobter methodischer Modelle.

Didaktische Grundprinzipien

In Anlehnung an Gerhard Falschlehner ist dazu folgendes herauszustellen:

- „Kreatives Lesen und Schreiben" heißt nicht, krampfhaft *jeden* Text grundsätzlich „gegen den Strich" zu lesen, ihn zu zerschneiden und neu zusammenzukleben, zu collagieren oder in Comics umzusetzen, zu verfremden oder zu parodieren; Lehrer, die so vorgehen, vergessen, daß „kreatives Lesen und Schreiben" kein Allheilmittel sein kann, nicht der ultimative Ausweg aus jedem Dilemma, in dem der Lese- und Literaturunterricht steckt, übersehen, daß sich „kreatives Lesen und Schreiben" wie jede andere Methode auch, die zu oft im Unterricht angewendet wird, abnützen kann, ignorieren, daß neben kreativen Ansätzen natürlich auch andere, traditionelle Lese- und Schreibformen weiterhin ihren Platz haben müssen.

- „Kreatives Lesen und Schreiben" erfordert keinen besonderen zeitlichen oder organisatorischen Aufwand, setzt auch keine speziellen künstlerischen Fähigkeiten voraus und ist nicht nur für bestimmte Ausnahme- und Einzelschüler tauglich; Kreativität ist kein gottgegebenes Geschenk, das man bekommen hat oder nicht, sondern eine in jedem Menschen angelegte, entwicklungsfähige und trainierbare Begabung.

- „Kreatives Lesen und Schreiben" besagt nicht, alles aus sich selbst schöpfen zu müssen, sondern die Anregungen, die einen umgeben – in unserem Fall also die eines gelesenen Textes – zu nutzen; meint vielmehr: sich von einem Ausgangstext inspirieren zu lassen, spielerisch mit ihm umzugehen, ihn zu variieren, mit verschiedenen (sprachlichen und bildlichen) Materialien zu kombinieren, auf den Kopf zu stellen, fortzusetzen, auszubauen oder aufs Wesentliche zu reduzieren, ihn – mit einem Wort – in eigener, veränderter Form neu zu erschaffen.

- „Kreatives Lesen und Schreiben" bedeutet harte Arbeit,
  genaues Lesen und intensive Auseinandersetzung mit
  dem Text, ist also keinesfalls ein lediglich munteres Dar-
  überplaudern und regelloses Drauflosschreiben – nach
  dem Motto „Nun seid mal schön spontan!" Kreatives Arbeiten mit Texten ist frei und gebunden zugleich; denn einem Schüler ist es in der Regel erst dann möglich, einen
  Text, etwa ein Gedicht oder ein Märchen, weiterzuspin-
  nen, wenn ihm zuvor seine Struktur einsichtig und verständlich gemacht wurde. Schon der Reformpädagoge
  Hugo Gaudig wußte: „Der Schüler muß Methode haben!"

- „Kreatives Lesen und Schreiben" läßt emotionale, spontane Reaktionen zu, legt Wert auf die persönliche und
  subjektive Meinung und ist interessiert an möglichst vielen und unterschiedlichen Ausdrucks- und Deutungsar-
  ten. Das bedeutet einerseits: Die Ergebnisse kreativen
  Lesens und Schreibens lassen sich nur schwer prüfen und
  kaum „benoten", weil es keine eindeutigen Lösungen,
  keine festgelegten und vorbestimmten Reaktionen, keinen „Königsweg" – wie bei einer Mathematikaufgabe –
  gibt. Aber Kreativität kann man loben, fördern, unterstützen, besprechen, anerkennen und sich darüber freu-
  en, weil es andererseits durchaus so etwas wie Gütemerk-
  male für Kreatives gibt: Der originelle Einfall gehört dazu, die überraschende Pointe, die spontane Improvisati-
  on, das aufgegriffene und eigenständig weiterverfolgte
  Wort- und Sprachspiel.

Die Textvorlagen

Bezüglich des Faktors „Textauswahl" sind die Vorausset-
gen ausgezeichnet: Es gibt eine Fülle von Texten und Büchern, die sich aufgrund ihrer spezifischen Struktur hervor-

ragend für einen lese- und schreibkreativen Umgang eignen.
Von Bedeutung sind in diesem Zusammenhang

- Texte, die offen enden oder mehrere Schlüssen anbieten
  (weil sie zur weiterführenden, eigenständigen Auseinandersetzung provozieren),

- Texte, die implizite oder explizite Impulse und Anreize
  zum Nachdenken enthalten (weil sie den Leser zum eigenen Denken und zur aktiven Textverarbeitung veranlas-
  sen),

- Texte, die unfertig, vorläufig, veränderbar sind (weil sie
  als Anfänge gemeinsamer Gespräche und als Anstoß zum
  mündlichen oder schriftlichen Weiterfabulieren gedacht
  sind),

- Texte, die Handlungen vorgeben und literarische Formen
  erkennen lassen (weil Kinder die vorgefundenen Inhalte
  und Strukturen gerne aufgreifen und zum Anlaß für Imi-
  tationen, eigenständige Bearbeitungen und kreative Wei-
  terführungen nehmen),

- Texte, die zur Mitarbeit herausfordern und konkretes
  Handeln, wie freies Erzählen und Schreiben, Malen und
  Gestalten, Musizieren und Nachspielen zulassen (weil
  junge Leser sich dadurch als mitteilungs- und beteili-
  gungsfähig erfahren).

Die Methode

Bezüglich des dritten Punktes „Methodik" ist die Ausgangslage ähnlich positiv. In der Fachliteratur sind von verschiedenen Seiten – von Gerhard Haas bis Günter Waldmann – Modelle und erprobte Lehrhilfen für eine kreative und produk-
tive Auseinandersetzung mit Literatur zusammengestellt
und systematisiert worden. Einig ist man sich auch über eine
Handvoll unterrichtlicher Empfehlungen: etwa darüber,

- daß die Lehrkraft schon frühzeitig, nämlich bereits vor und während der Textrezeption, die aktive Rolle der Schülerinnen und Schüler im Auge haben sollte,

- daß sie – schon in der Grundschule – gewisse elementare Kenntnisse und Techniken zum Erfassen von Handlungsverläufen und zum Erkennen von Bauregeln eines Textes vermitteln muß,

- daß sie – neben differenzierenden und individualisierenden Unterrichtsformen – unbedingt auch auf die Arbeit in der Partner- und Kleingruppe zurückgreifen sollte und

- daß sie versuchen muß, das Ganze möglichst frei zu halten von Zwang, Leistungsdruck und Belastung.

Nur wenn der Charakter des phantasievollen Fabulierens und des spielerischen Imitierens weitgehend erhalten bleibt, können Verbalisierungsschwierigkeiten überbrückt und Substanzverluste auf dem Weg von der Idee zur schriftlichen Fixierung vermieden werden. Die besten Ergebnisse sind dann zu erwarten, wenn kreative Lehrer durch klug ausgewählte Texte die Imagination der Kinder bewußt herausfordern und ihnen immer wieder Gelegenheiten und die nötige Zeit geben, in einer geschützten Umgebung erste eigene Schreibversuche zu unternehmen.

T = Tiere im Kinderbuch

... z. B. Unterhaltsames über Schweine

Ein Blick auf die Kinderbuchregale in Büchereien und Buchhandlungen zeigt, daß die Zahl der Tierbücher nach wie vor überwältigend groß ist. Im „Tiergarten der Kinderliteratur" wimmelt es geradezu vor bellenden und miauenden, watschelnden, quiekenden und trompetenden, galoppierenden, hoppelnden, schleichenden, kletternden, piepsenden, brummenden und summenden Gestalten.

Tierbücher für Kinder haben eine ungewöhnlich lange Tradition; von Anfang an und über alle Jahrhunderte hinweg haben sich Kinder von dieser Textgattung – zunächst vor allem in der Form des Tiermärchens und der Tierfabel – faszinieren lassen. Diese Faszination hat sich bis heute erhalten. Allerdings haben sich die erzählerischen Absichten, die hinter dem Tierbuch stehen, inzwischen vervielfacht. Neben den früher üblichen lehrhaft-nützlichen Tiergeschichten mit Fabelcharakter, den tugendhaft-sentimentalen Tiererlebnissen vom Typ der „Häschenschule" und den niedlich-heiteren Tieridyllen im Stil Beatrix Potters, gibt es seit geraumer Zeit auch den Typ des ökologisch ausgerichteten Tierbuches; gemeint sind damit Tierbücher, die ein fürsorgliches Verhältnis zu Tieren wecken, Einblicke in die Gefährdung unserer Tierwelt bieten und ein Nachdenken über Natur- und Umweltprobleme auslösen wollen. Als Beispiele seien „Die Kanincheninsel" von Jörg Müller und Jörg Steiner für den Bilderbuchbereich, Benno Pludras „Siebenstorch" für den Kinderbuchbereich und Colin Danns „Als die Tiere den Wald verließen" für den Jugendbuchbereich genannt.

Diese Ausweitung der erzählerischen Absichten von Tierbuchautoren hatte zur Folge, daß die vielen kritischen Stimmen mehr und mehr verstummten, die dem Tierbuch tradi-

tioneller Art vorwarfen, sie lenkten von drängenden Zeit-
problemen ab, seien Medien der versteckten Indoktrination
und böten dem lesenden Kinde lediglich eine heile Flucht-
welt an.

Bleiben werden dem Tierbuch die immer schon geltenden
positiven Funktionen, die es zu einer der wichtigsten Gattung auch der modernen Kinder- und Jugendliteratur machen:

- Bücher über Tiere wecken die *Leselust* der Kinder und ihre Ansprechbarkeit besonders nachhaltig. Ob „Pu der
  Bär", „Der alte Dachs" oder der junge „Findefuchs" – alle laden zum Lesen ein und alle bringen zuwege, daß die
  Kinder mit dem Lesen nicht so schnell wieder aufhören
  wollen. Dies hängt damit zusammen, daß Tiere im kindlichen Erleben allgegenwärtig sind und eine sehr bedeutsa-
  me Rolle spielen – nicht nur als reale, lebendige Spielpart-
  ner, sondern auch als Spielzeugtiere in den Kinderzim-
  mern und als erdichtete Tiere im Reich des Bilder- und
  Kinderbuches. Als Schmuse-, Plüsch- oder auch (Bilder-)
  Buchtier vermögen sie, fehlende oder unzureichende
  emotionale Kontakte zu kompensieren. Gern wird ja behauptet, Kinder hätten einen kreatürlichen Bezug zum
  Tier und stünden dem Tier viel näher als Erwachsene. Da-
  her ließe sich – bezogen auf die Kinderliteratur – über Tiere als Zentralfiguren auch manche „Botschaft" rascher,
  einfacher und wirksamer vermitteln als über eine menschliche Buchfigur.

- Bücher über Tiere sind immer auch menschlich relevant.
  Ihnen kommt eine *Doppelfunktion* zu: Sie vermitteln
  Einsichten über bestimmte Aspekte der Welt und gleichzeitig auch über Aspekte des eigenen Daseins. Sie sind –
  mit den Worten von Karl Ernst Maier gesagt – in hervorra-
  gender Weise zur „Weltfindung" geeignet, indem sie dem
  jungen Leser Zugänge zur Natur und Umwelt erschlie-

ßen; gleichzeitig bieten sie ihm auch die Chance der „Ich-
findung", indem sie ihn seine eigene Befindlichkeit erkennen lassen. Wenn ein Kind etwa mit den Tierbüchern von
Janosch oder Helme Heine konfrontiert wird, spürt es
ganz automatisch: Hier wird ein Tier vorgeschoben, um
etwas über mich und meinesgleichen auszusagen. Auf der
einen, der wörtlichen Ebene wird eine Geschichte über
Tiere erzählt, die andere, die übertragene und „humane"
Ebene verweist auf die Wirklichkeit des jungen Lesers.
Die These Röhrichs, nach der immer menschliche Verhältnisse gemeint sind, wenn im Märchen Tiere auftreten,
dürfte – mit Ausnahme der Tiersachbücher – generell für
alle Kindertexte gelten. Dabei spielen sowohl anthropo-
morphisierende Aspekte (der junge Leser fühlt sich ver-
anlaßt, die handelnden Tiere als seinesgleichen anzusehen
und ihre Welt als eine Welt menschlicher Personen wahr-
zunehmen) als auch identifizierende Aspekte (der junge
Leser muß sich in die handelnden Tieren hineinversetzen
und einfühlen können, was Kindern wegen ihrer Liebe zu
Tieren naturgemäß leicht fällt und was zusätzlich durch
bestimmte Gestaltungsmittel wie „Kindchenschema" und
„Namensgebung" forciert werden kann) entscheidende
Rollen.

Nicht zuletzt: Bücher über Tiere und mit Tieren haben für
die jungen Leser großen Unterhaltungswert. Sie erweisen
sich meist als ausgesprochen heiter, unkompliziert, abwechslungsreich und unterhaltsam und erfüllen damit die
beiden von Kindern immer zuerst genannten Qualitätsan-
forderungen an ein gutes Buch, nämlich „lustig" und „spannend" zu sein. Besonders deutlich wird das bei den vielen
„Buch-Schweinen", die der Kinderbuchmarkt kennt und
von denen „Göb-Göb" (das freche Schwein im Kinderklassiker „Doktor Dolittle und seine Tiere" von Hugh Lofting),
„Bamse" (Lottas Stoffschwein aus der „Krachmacherstra-

ße" von Astrid Lindgren), „Schwarte" (das heiratslustige
Schwein von Helme Heine) und die beiden berühmten Ki-
no-Schweine „Babe" (das in der Buchversion von Dick
King-Smith allerdings „Knirps" genannt wird) und „Renn-
schwein Rudi Rüssel" (nach dem gleichnamigen Buch von
Uwe Timm) wohl am bekanntesten sind.

Das Schwein, *der* „Glücksbringer" schlechthin, steht in der
Beliebtheit der Kinder zusammen mit so populären Tieren
wie Hase, Vogel, Pferd, Hund, Elefant, Katze, Igel und
Maus in der vordersten Reihe. In der Kinderliteratur wird
ihm zumeist, aber keineswegs immer ein positives Image zu-
gewiesen. Es gibt auch das „böse" Schwein (als herrschsüchtige Führer in George Orwells „Farm der Tiere" oder als KZ-
Aufseher in Art Spiegelmans „Maus"). Das mag damit zusammenhängen, daß die Menschen ihm nicht nur gute Eigenschaften (Schweine gelten als „nützlich", „geduldig",
„allesfressend", „fügsam" und „quietschvergnügt"), sondern auch negative Eigenschaften (wie „schmutzig", „trä-
ge", „faul", „gefräßig", „schwerfällig" und „dumm") zu-
sprechen.

Auch in den Sprichwörtern und Redensarten überwiegen
mißachtende und abfällige Urteile (das Schimpfwort
„Schweinehund" oder Sprüche wie „Perlen vor die Säue
werfen" und „Schweine und Geizhälse nützen erst nach ihrem Tode" mögen genügen).

Unterhaltungsliteratur hat generell – besonders bei Lehrern
– kein besonders gutes Image. Ein Buch, das obendrein
noch ein „Schwein" als Handlungsfigur in den Mittelpunkt
stellt, wird in aller Regel als zu leicht empfunden und abqua-
lifiziert. Bettina Hurrelmann hat vor Jahren schon darauf
hingewiesen, daß ein Literaturunterricht, der sich mit unter-
haltsamen Texten beschäftigt, von Vorgesetzten und Kollegen, aber auch von seiten vieler Eltern, häufig als oberflächlich und unerheblich eingeschätzt, milde-herablassend be-

lächelt, ja als Zeitverschwendung betrachtet werde. Legitimiert sei Unterhaltungsliteratur jedoch schon allein deshalb, weil sie in unserer Kultur bis heute die meistpraktizierte Form alltäglichen Lesens darstelle. Wer zum Lesen erziehen will, wer Kindern und Heranwachsenden die Lust am Lesen erhalten will, darf diese wichtige Form und Funktion der Lektüre keinesfalls ausklammern. Lehrerinnen und Lehrer sollten akzeptieren, daß Literatur – zumal Kinder- und Jugendliteratur – unterhaltsam sein darf und sein sollte!

Manchem Autor – beispielsweise Uwe Timm in seinem Buch „Rennschwein Rudi Rüssel" – gelingt es überdies, Komisches und Spannendes mit Wissenswertem und Problematischem zu verbinden, ohne daß der Lesespaß dabei auf der Strecke bleibt. Wer es so geschickt wie er schafft, hedonistische Funktionen (die Komik entzündet sich immer wieder allein an der Tatsache, daß ein Schwein ausgerechnet in der Wohnung einer Akademikerfamilie gehalten wird, und Spannung ergibt sich durch Elemente der Kriminalliteratur, etwa wenn das Schwein einen Einbrecher in die Flucht schlägt) mit informatorischen Funktionen (es werden fortlaufend verschiedene Wissensbereiche angesprochen, etwa Sachkundliches über Hieroglyphen oder über Schweine) und pädagogischen Funktionen (unaufdringlich fließt eine Reihe von Problemen ein, wie Arbeitslosigkeit, Bürokratie, Haus- und Massentierhaltung) zu vermischen, hat damit bewiesen, daß derartige Bedenken unbegründet sind.

U = Umwelt und Heimat

... zwischen Wunsch und Wirklichkeit

In Karl Mollenhauers Buch „Vergessene Zusammenhänge"
findet sich der Satz: „Vor allem aber 'wollen' die Kinder eine
Zukunft für sich selbst, alles das, was sie in der Formel 'groß
werden' zusammenfassen. Sie können das nur im Rahmen
der Lebensmuster entwerfen, die Erwachsene ihnen präsentieren."

In diesem Satz komprimiert sich das, was man gemeinhin als
„pädagogische Verantwortung" bezeichnet. Die Feststellung, daß es immer die Erwachsenen sind, die die mögliche
Lebens- und Lerngeschichte der Nachwachsenden entscheidend vorspuren und vorformen, klingt zwar trivial, hat aber
unerhörte Konsequenzen. Sie gelten für alle denkbaren pädagogischen Felder, für den Bereich der familiären und der
schulischen Erziehung ebenso wie für den Bereich der „Kinderkultur", einschließlich der Kinderliteratur.

Dieser Satz ist demnach auch übertragbar auf die Art und
Weise, wie Erwachsene den Nachwachsenden „Umwelt"
und „Heimat" – verstanden als die dem Kinde real zugängli-
chen, bestimmten Lebensformen und Lebensverhältnisse
am Ort seines Aufwachsens und „Großwerdens" – präsentieren.

Präsentation von Umwelt und Heimat erfolgt zum einen unmittelbar, in der Konfrontation mit Formen und Verhältnissen, die ein Kind vorfindet und die ihm von den Erwachsenen vorgelegt werden. Zum anderen geschieht sie mittelbar,
über Medien, u. a. über Literatur, die dem Kind – sozusagen
aus zweiter Hand – eine Begegnung und Auseinandersetzung mit der Lebensrealität ermöglicht. Für die Qualität dieser Literatur ist nun entscheidend, ob sie ein zutreffendes,
d. h. realitätsgerechtes Bild seines Lebensraums wiedergibt,

um dadurch dem Kinde einen adäquaten Zugang zu seiner Lebenswirklichkeit und ein angemessenes Verhältnis zu ihr zu verschaffen.

So gesehen darf „Heimatliteratur für Kinder" keine gänzlich problemlose und konfliktfreie, keine pädagogisch zurechtgerückte und gereinigte Welt präsentieren. Wenn Literatur das Kind auf seine Lebenswirklichkeit vorbereiten will, muß sie von Anfang an und zunehmend stärker auch „unheile", gefährdete und kränkelnde Welt darstellen. Um nicht mißverstanden zu werden: Es geht nicht darum, das Bild von Umwelt und Heimat willkürlich einzuschwärzen, es geht vielmehr gegen die Neigung, es aufzuhellen und zu vergolden. Denn dann entstehen Zerrbilder von Heimat, Klischeevorstellungen, Lügengespinste, die unweigerlich zur Folge haben, daß einem ihre Bedrohung und allgegenwärtige Ausbeutung entgeht. Soweit darf es nicht kommen, dazu sind Umwelt und Heimat für den jungen Menschen zu wichtig.

Nirgends wird die Gefahr einer Verfälschung des Heimatbildes so deutlich wie beim Thema „Stadt und Land". Vor allem, wenn „Heimat" auf das ländliche Leben bezogen wird, werden die Probleme verharmlost und pädagogisch überzuckert. Wie es die „Heidi"-Bücher vorexerziert haben, so bietet man bis heute den Kindern gerne Schwarzweißmalereien an, indem man „heiles", „intaktes" Landleben und „böses", „verdorbenes" Stadtleben nebeneinander stellt und den einen Lebensbereich gegen den anderen in ungerechtfertigter Weise ausspielt.

Einer der Kernsätze Christian von Krockows in seinem Buch „Heimat – Erfahrungen mit einem deutschen Thema" lautet: „Heimat ist keine Idylle. Sie war es niemals und nirgendwo, in keiner Gestalt."

Dies entspricht wohl auch dem Vorsatz, unter dem der Schweizer Kinderbuchkünstler Jörg Müller seine mehrfach preisgekrönten und nicht hoch genug zu rühmenden Bildmappen „Alle Jahre wieder saust der Preßlufthammer nieder oder Die Veränderung der Landschaft" und „Hier fällt ein Haus, dort steht ein Kran und ewig droht der Baggerzahn oder Die Veränderung der Stadt" geschaffen hat. Sein Grundsatz lautet: „Kinder betrachten Bilder sehr genau und vergleichen sie mit der Wirklichkeit. Es ist deshalb sehr wichtig, daß sich keine Widersprüche finden: *Man darf Kindern gegenüber nicht lügen.*"

Die beiden Mappen enthalten sieben bzw. acht großformatige, auffaltbare und farbige Bilderbögen und dokumentieren – mit Ausnahme einer genauen Datierung der einzelnen Bilder auf jegliche Textbeigabe verzichtend –, wie im Verlauf von zwei Jahrzehnten (vom 6.5.1953 bis 3.10.1972 in der ersten Bildmappe, vom 6.5.1953 bis 7.1.1976 in der zweiten) eine Dorflandschaft bzw. der Straßenzug einer Stadt massiven Veränderungen unterworfen werden. Wie in Zeitrafferaufnahmen wird dem Betrachter eindrucksvoll vor Augen geführt, welche Auswirkungen die ständigen kleinen und größeren Umgestaltungsprozesse auf seine Lebenswelt haben und welche Probleme für ihn und alle anderen daraus erwachsen. Die Unterschiede zwischen dem jeweils ersten und letzten Bild sind derart gravierend, daß ein Betrachter, der nur diese beiden Bilder sieht, niemals darauf käme, es für ein und denselben Ausschnitt zu halten. Zu groß sind die Eingriffe, zu radikal wurde der Lebensbereich von Menschen und Tieren, speziell der Spielraum der Kinder, reduziert.

Beim Thema „Heimatliteratur für Kinder" haben realistische und Augen öffnende Bücher bis heute Seltenheitswert. Immer noch werden allzu gern Umwelt und Heimat aus falscher Rücksichtnahme romantisierend und idyllisierend dargestellt, wird geglaubt, Wertschätzung für den eigenen Lebensraum, „Heimatverbundenheit", und kritische Auseinandersetzung mit Unzulänglichkeiten in der Umwelt schlössen einander aus.

Dabei brauchen wir nichts dringender als eine neue Qualität in der Heimatliteratur für Kinder, ein neues Heimatverständnis, etwas, das Jörg Müller begonnen und das bisher kaum eine vergleichbare Fortsetzung gefunden hat. Dazu einige Überlegungen.

- Es kann kein Zweifel mehr darüber bestehen, daß der Begriff „Heimat", das Erleben der „Umwelt" sich ständig wandeln. Sie wurden und werden verändert durch die wachsende Mobilität, vor allem aber durch die rasanten Entwicklungen auf dem Gebiet der Verkehrsmittel und der audiovisuellen und elektronischen Medien. Sie machen es dem Menschen von heute leicht, Kontakt mit dem räumlich Entfernten zu finden. Der „Griff in die Weite" ist möglich, ist alltäglich geworden, auch für Kinder. Kein Wunder, wenn sie ihre „Heimat" ganz anders erleben als Kinder vor dreißig oder fünfzig Jahren. Aus dieser veränderten, sich dauernd wandelnden Struktur der Umwelt und des Heimaterlebens ist vor allem eine Feststellung bedeutsam: Wir kommen mit nostalgischen Vorstellungen einer räumlich exakt abgrenzbaren, in sich ruhenden Heimat nicht mehr aus. Heimat ist nicht als etwas Statisches, sondern als etwas unaufhörlich Wandelndes aufzufassen, nicht als Zustand, sondern als Vorgang. Wenn das Bild, das man sich von Heimat entwirft, also prinzipiell instabil ist, wenn es sich ständig ändert und immer „neu" ist, so muß dies auch den Kindern in einer entsprechenden Weise sichtbar gemacht werden.

- „Umwelt" und „Heimat" können heutzutage nicht mehr als „Orte der Ruhe und Gemütlichkeit", als „Lebensräume der Behaglichkeit", als „selige Inseln im feindlichen Meer", sondern müssen als Bezugsräume beschrieben werden. Der Begriff der „weltoffenen Heimat", der kürzlich im Magazin „Der Spiegel" als „das Zuhause, von dem aus die Menschen auf die Welt blicken" treffend umschrieben wurde, ist heutzutage entschieden zu bevorzugen. Dieser Aspekt des Bezugs kann hinsichtlich der Kinderliteratur zweifach verstanden werden. Zum ersten kann damit gemeint sein, daß die Literatur „Heimat" als Bezugsraum verdeutlichen muß, als Raum also, der Wechselwirkungen enthält und deren Menschen in einer umfassenden Weise abhängig sind vom Tun anderer. Zum zweiten kann er so ausgelegt werden, daß als Stoff eines Kinderbuches all das werden kann, wozu das Kind dieses Raumes einen lebendigen Bezug hat. Beides müssen Kinderbuchautoren berücksichtigen.

- Liebe zur Heimat kann nicht lesend arrangiert und kann nicht schulisch befohlen werden. Es ist das Dilemma aller literarischen Produktionen und aller schulischen Veranstaltungen, daß sie die Barriere zur Realität nicht überwinden und die Distanz zum wirklichen Leben nicht komplett wettmachen können. Deshalb ist das Bemühen, Heimatverbundenheit durch literarische Appelle oder andere pädagogische Aktivitäten herstellen zu wollen, ein mühsames, oft vergebliches Unterfangen. Wer also glaubt, Heimatgedanken und -gefühle dadurch hinreichend verlebendigen zu können, daß er zusammen mit Kindern ein gemütvolles Heimatbuch liest oder den andächtig zuhörenden Schülern eine erhebende Heimatgeschichte erzählt, darf über die Wirkungslosigkeit derartiger – sicherlich gut gemeinter – Vorhaben nicht erstaunt sein.

Die große Leistung Jörg Müllers war es, schon vor knapp dreißig Jahren diese drei Komponenten erkannt und in einer bis heute nicht wieder erreichten Art und Weise in seinen beiden Bildreihen berücksichtigt zu haben:

- *den prozessualen Charakter von „Umwelt" und „Heimat"*

  Die Bildmappen sind genetisch angelegt, setzen dem Betrachter nicht einfach ein fertiges Objekt vor, zeigen ihm keinen fertigen Endzustand, sondern breiten eine Erscheinung als etwas Werdendes und Gewordenes aus, stellen also einen Entwicklungsprozeß dar.

- *den Bezugscharakter von „Umwelt" und „Heimat"*

  Jörg Müller begnügt sich aber nicht damit, Bilder in einer zeitlichen Kette aneinanderzureihen, er ordnet vielmehr jedes einzelne Bild und jedes einzelne Bildmotiv auf das Ganze hin: Jedes Einzelbild stellt die Bedingung für das folgende her, gewinnt seine Aussage erst im Zusammenhang und Vergleich mit den übrigen.

  Wichtig in diesem Zusammenhang: In guter Heimatliteratur wird ein konkreter regionaler Bezug sichtbar, aber die Schilderung bleibt nicht ortsgebunden, sondern ist übertragbar auf viele andere Lebensräume. Dieser Transfer (der mit den etwas bitteren Worten von Harald Grill in seinem Gedicht „Unser Dorf": „. . . was bei uns schlecht ist, das ist woanders nicht besser" zum Ausdruck kommt oder positiver im unten vorgestellten Kindergedicht „Meine Stadt" von Josef Reding) ist bei den Arbeiten Jörg Müllers stets möglich.

- *den genauen, unbestechlichen Blick auf „Umwelt" und „Heimat"*

  Weil Lehrer die Lebensformen und Lebensverhältnisse in der Schule nicht direkt und ungebrochen zur Darstellung bringen können, sind sie auf wirkungsvolle und aussagestarke Repräsentanten angewiesen. Einen solchen didaktisch relevanten Repräsentanten der Wirklichkeit stellen die Müllerschen Bildermappen dar. Ihre engagierte, aber doch dokumentarisch verhaltene und unpolemische Darstellungsweise eröffnet dem Lehrer exzellente Möglich-

keiten, mit Schülern Fragen zu diskutieren wie „Welche
Veränderungen in der Umwelt sind nötig, welche sind
überflüssig, welche gar höchst bedenklich?"

Aufgrund der Berücksichtigung dieser drei Momente sind
die Bildmappen bis heute vorzüglich geeignete und bisher
durch nichts Vergleichbares zu ersetzende Unterrichtsmedi-
en geblieben. Mit ihrer Hilfe werden „Umwelt" und „Heimat" für Kinder zu einem Stück erklärbarer, begreifbarer
und dem Wandel unterworfener Realität; dies entspricht
Bertolt Brechts berühmter Antwort auf die Frage nach der
Darstellbarkeit der Welt: „Ja, als eine veränderbare."

Meine Stadt
Josef Reding

Meine Stadt ist oft
schmutzig;
aber mein kleiner Bruder
ist es auch,
und ich mag ihn.
Meine Stadt ist oft
laut;
aber meine große Schwester
ist es auch,
und ich mag sie.
Meine Stadt ist dunkel
wie die Stimme meines Vaters
und hell
wie die Augen meiner Mutter.
Meine Stadt und ich:
wir sind Freunde,
die sich kennen;
nicht flüchtig kennen
wie die von fern her,
die der Bürgermeister
manchmal über die
Hauptstraße führt.
Er zeigt ihnen nicht
die Schutthalden.
Zu Hause führen wir auch
unseren Besuch in das
Wohnzimmer und lassen
ihn mit unserem Müll-
eimer in Ruhe.
Aber manchmal, bevor ich
zur Schule gehe,
klopfe ich dem
braven grauen Müllkasten
auf den Deckel,
daß er fröhlich klappert,
und am Schuttfeld werfe
ich grüßend einen
Stein auf die blitzende
Konservendose dahinten,
daß sie tanzt.

V = Vermittlung

Der Lehrer als Vermittler zwischen Kinderbuch und Schüler

Daß der Lehrer als Vermittler zwischen Kinderbuch und Leser im Rezeptionsprozeß eine ganz entscheidende Rolle
spielt, wir niemand ernsthaft bezweifeln wollen. Der Begriff
„Literaturvermittler" trifft die Aufgabe, vor der er steht,
ausgezeichnet. In der „Mitte" der didaktischen Triangel,
über den beiden Polen „Objekt" und „Subjekt" stehend, hat
er seine Aufmerksamkeit mit gleicher Intensität auf das
Buch zu richten, um den Grad seiner literarischen Reprä-
sentanz und seiner pädagogischen und ästhetischen Bedeutung zu eruieren, und auf seine Klasse, um sich über die formale, sprachliche und inhaltliche Passung des Buches klar zu
werden. Erst aufgrund einer konzentrierten Analyse von
„Objekt" und „Subjekt" ist er imstande, die entsprechenden
methodischen Entscheidungen zu treffen, um Schüler und
Buch in eine optimale Verbindung zu bringen. Alle methodi-
sche Kunst liegt nach Heinrich Roth darin beschlossen, eine
„originalen Begegnung" zwischen Kind und Buch zu arran-
gieren; es muß dem Lehrer gelingen, Schüler und Buch so
eng miteinander zu verbinden, daß diese möglichst nicht
mehr von ihm loskommen, es unbedingt kennenlernen wollen, weil es für sie zu einer persönlich bedeutsamen, faszi-
nierenden „Sache" geworden ist.

Vom Lehrer und seinem didaktischen Geschick hängt in al-
lererster Linie ab, ob das Lesen eines ganzen Buches erfolg-
reich verläuft, ob sich die Schüler am Ende über das Lese-
projekt zustimmend oder ablehnend äußern und ob sie in ihrer Leseentwicklung vorankommen oder zurückfallen. Er
greift selektierend (z. B. durch die Auswahl der Bücher) als
auch intervenierend (durch gezielte Verständnis- und Inter-

pretationshilfen) in den Rezeptionsprozeß ein. Seine Mitt-
lerfunktion legt ihm eine hohe pädagogische Verantwortung
auf

- hinsichtlich des jeweils angemessenen Grades der Selektion und Intervention (er muß sich von Anfang bewußt halten, daß seine Funktion im Leseprozeß als abnehmende
  Größe zu verstehen ist)

- hinsichtlich der möglichen Folgen der Selektion und Intervention (er muß sich darüber im klaren sein, daß seine
  Eingriffe Wirkungen hinterlassen können, die kaum wieder rückgängig zu machen sind).

Das Kinderbuch ist zumindest für Grundschüler ein sehr
willkommener und attraktiver Unterrichtsgegenstand, für
die Lehrer aber kein einfacher. Es gibt – in Anlehnung an Alfred Clemens Baumgärtner – eine ganze Reihe neuralgi-
scher Punkte: Der Lehrer muß einen längerfristigen Unter-
richtsplan entwerfen; der Einstieg, der unter Umständen für
das Gelingen des Ganzen ausschlaggebend ist, muß gut bedacht sein; die Schüler sind zur Bewältigung einer ganz erheblichen Textmenge zu motivieren; Einzel- und Gruppen-
arbeit sind zu planen; Textstellen sind zu suchen, die wegen
ihrer Wichtigkeit für das Sinnverständnis oder ihres Schwie-
rigkeitsgrades gemeinsam gelesen werden müssen; An- und
Abschlußprojekte sind zu überlegen usw. Kaum ein anderer
Unterrichtsgegenstand verträgt eine oberflächliche und aus
dem Ärmel geschüttelte „Behandlung" so wenig wie das
Kinderbuch!

Von den Didaktikern der Kinder- und Jugendliteratur wurden verschiedene Modelle für den Umgang mit Kinder- und
Jugendbüchern vorgeschlagen.

Zunächst einmal sind *„schulische"* und *„entschulte"* Um-
gangsweisen auseinanderzuhalten. Daß die „entschulten",
also von außerschulischen Umgangsweisen beeinflußten
und zumeist nur kurzzeitig angelegten Verfahren (wie freie

Schmökerstunden, Buchvorstellungen, Vor- und Anlesen)
von Lehrern nicht ignoriert werden dürfen, darauf hat Malte
Dahrendorf immer wieder hingewiesen; ganz besonders in
Klassen, wo die Umstände schwierig sind, wo das Bücherle-
sen keine beliebte Tätigkeit ist, wo Leseabstinenz, ja Lese-
feindlichkeit herrschen, gibt es kaum geeignetere, erfolgver-
sprechendere Möglichkeiten als diese. Bei den „schulischen" Verfahrensweisen – damit sind diejenigen gemeint,
die schultypischen Umgangsformen nahestehen und zumeist
mittel- und längerfristig angelegt sind – lassen sich beim
Blick auf die didaktische Entwicklung der letzten Jahrzehnte drei Grundtypen auseinanderhalten:

- *Das analytische Verfahren*
  Es ist das älteste der drei Verfahren und geht auf Anna
  Krüger und Richard Bamberger zurück. Sie stellen das
  häusliche Lesen in den Mittelpunkt und gehen von der
  Vorstellung aus, daß die Arbeit mit dem Buch sinnvoller-
  weise erst dann beginnen kann, wenn dem Leser das Buch
  als Ganzes bekannt ist. Sicherlich ist diese (das Lesen von
  Büchern oft mehr verleidende als fördernde) Form vor allem im Literaturunterricht der weiterführenden Schulen
  immer noch an der Tagesordnung.

- *Das synthetische Verfahren*
  Bei diesem Verfahren, das vor allem mit Sigrid Lichtenberger verknüpft ist, wird das Kinder- und Jugendbuch
  schrittweise erlesen und besprochen, wobei die Gesamt-
  lektüre des Buches von der häuslichen Arbeit in den Bereich der Schule verlagert wird. Diese sehr zeitaufwendi-
  ge Unterrichtsform hat bei bestimmten Buchtypen, etwa
  solchen mit wenig Text, durchaus seine Berechtigung; allerdings ist der Makel, zu wenig Anregungen für das außerschulische Lesen zu bringen, nicht von der Hand zu
  weisen.

● *Das integrative Verfahren*

In aller Regel empfiehlt sich für die Erschließung eines Kinder- und Jugendbuches ein gemischtes Verfahren. Es wird also – ähnlich wie beim Leselernverfahren – weder die rein analytische noch die rein synthetische Methode angewendet, sondern Aspekte beider Methoden treten wechselweise auf und überschneiden bzw. ergänzen sich. Vom synthetischen Verfahren wird der Projekt- und Integrationsaspekt übernommen (d. h. die Bewältigung eines Kinder- oder Jugendbuches wird als mehrwöchige Projektarbeit innerhalb eines fächerübergreifenden Deutschunterrichts durchgeführt, bei dem die Suche nach sinnvollen Verbindungen mit anderen Lernbereichen des Deutschunterrichts – besonders mit dem mündlichen und schriftlichen Sprachgebrauch – bzw. anderen Fächern wie Kunsterziehung, Sachunterricht und Musik Grundprinzip ist). Vom analytischen Verfahren werden Aspekte wie „Antizipation", „freies Gespräch" und „Partitur" aufgegriffen (d. h. die Mutmaßungen und die Erwartungshaltung der Kinder spielen eine große Rolle, im Zentrum der Arbeit stehen immer wieder das offene Unterrichtsgespräch und die Weiterverwendung des Buches; u. a. nimmt das Selbsterfinden ähnlicher Geschichten oder von Fortsetzungen einen wichtigen Platz ein). Was den eigentlichen Lesevorgang betrifft, ist eine Mischung von häuslicher und schulischer Lektüre vorgesehen; nur so können das laute Vorlesen und stille Erlesen in der Schule geübt (was für diejenigen Kinder, die lesetechnische Probleme oder Schwierigkeiten bei der Sinnentnahme haben, dringend nötig ist) als auch gleichzeitig das außerschulische Lesen gefördert werden.

Unabhängig von der jeweils gewählten Methode treten im Verlauf einer Leseeinheit ganz bestimmte Phasen auf; interessanterweise sind es – ganz gleich welches Modell Verwendung findet – sehr oft vier Momente, die unterschieden werden. Sie heißen

- bei Karl Ernst Maier: Hinführung – Erlesen – Umgang mit dem bekannten Text – Gestaltungsversuche
- bei Michael Krejci: Texte erfassen, beschreiben, erklären, erörtern
- bei Joachim Fritzsche: Verhakung im Text – Rückfrage an den Text – Aneignung – Applikation.

Gleichgültig, welchen Verfahrensvorschlag man wählt, es erweist sich aus didaktischen wie lernpsychologischen Gründen als unabdingbar,

- daß der Lehrer in der *Einstiegsphase* die Textbegegnung vorbereitet und die Schüler dazu motiviert, sich auf den Text einzulassen,
- daß dann die *Rezeptionsphase*, das Kennenlernen des Textes, die Textaufnahme folgt,
- daß danach in der *Verarbeitungsphase* der Text erschlossen wird, also der Umgang mit dem Text, das Handeln mit ihm im Mittelpunkt steht,
- und daß der Lehrer das Ganze in der *Abschlußphase* einer Verdichtung, einer Abrundung, einem Ausklang zuführt.

Diese Verlaufsordnung darf nicht falsch verstanden werden, so als müsse Umgang mit Literatur steril und nach „Schema F" abgewickelt werden, eingeschnürt in das immer gleiche Korsett (der Vorwurf ist oft zu hören, daß Lesestunden wie Waschmaschinenprogramme ablaufen, einmal eingestellt, schnurren sie ab – ganz gleich, um welche Textart, welche Jahrgangsstufe und welche Ziele es sich handelt). Auch wenn die Unterrichtsabläufe bestimmten Regeln unterliegen, bedeutet das nicht, daß der Umgang mit Texten schablonisiert und damit langweilig und überraschungsarm ausfallen muß. Innerhalb der Phasen hat der Lehrer alle nur denkbaren Freiheiten, sollte er seiner didaktischen Phantasie Lauf lassen, sind vielfältige, abwechslungsreiche Verarbeitungsformen möglich und nötig.

Lehrerinnen und Lehrer, die ein ganzes Buch mit ihren Schülern im Unterricht lesen wollen, sollten sich eine sorgfältige Planung zurechtlegen. Bei der Realisierung ihrer Lesevorhaben dürfen sie aber nicht übersehen, daß sie die Kinder mit ihren ausgewählten Verfahrensmustern auch festnageln und mit ihren vorgesehenen Unterrichtsaktivitäten „erschlagen" können. Ihre Planung muß deswegen so offen sein, daß die augenblicklichen Bedürfnisse der Schüler berücksichtigt werden können, sie muß so beweglich sein, daß spontane Einfälle aufgenommen werden können, sie muß so frei gehandhabt werden, daß den Schülern streckenweise die Führung überlassen werden kann. Groß ist die Gefahr der Verschulung, der aufdringlichen Pädagogisierung und der didaktischen Zurichtung, und die Lehrer müssen ständig auf der Hut sein, daß das Lesevergnügen durch ihren Unterricht nicht vergällt und vermiest wird.

Bei all ihrem Bemühen, dieser einen Einschränkung unterliegt jegliche unterrichtliche Arbeit: Lehrer versuchen in den Nebel hinein Brücken zu schlagen, ohne genau zu wissen, ob auf der anderen Uferseite überhaupt die entsprechenden Möglichkeiten für eine Verankerung vorhanden sind. Literaturvermittler sind zum Vertrauen verpflichtet, zum Optimismus gezwungen!

W = Wirkungen des Lesens

... zwischen Glaube, Hoffnung und Wissen

Die Frage, ob Bücher die Leser verändern können, ist wohl so alt wie die Literatur selbst, und kaum eine wird so unterschiedlich beantwortet wie diese. Vor allem, wenn es um Literatur für Kinder geht, für jene Altersstufe also, in der der Mensch besonders offen, lernfähig und beeinflußbar ist, sind die Erwartungen hoch.

Zur Situation der Wirkungsforschung

Für manche ist die Frage schnell beantwortet: Sie führen erlebte oder mitgeteilte Fälle konkret aufgetretener Lesewirkungen auf, wissen von Kindern, die nachts aus dem Schlaf schrecken und von einem Traum erzählen, der unverkennbar mit dem abendlichen Vorlesen in Beziehung steht, oder von Schülern, die im Anschluß an die Lektüre spontan die Verhaltensweisen einer Buchfigur nachahmen und deren Sprüche übernehmen. Jedoch interessiert den Pädagogen, ob derartige Reaktionen von Kindern nur Ausnahmen und Einzelfälle sind oder generalisierbare Wirkungen.

Wer sich um gesicherte Erkenntnisse über Lesewirkungen bemüht, merkt rasch, wie groß das Wissens- und Methodendefizit auf diesem Gebiet ist.

Es ist im Augenblick schlechterdings unmöglich, Fragen wie

- Welche Wirkungen sind beim Lesen eines Buches zu erwarten – beim einzelnen Schüler, bei einer Klasse?

- Inwieweit vermögen Bücher, Einstellungen des Lesers zu verändern und seine Verhaltensweisen zu beeinflussen?

- Worin unterscheiden sich die Wirkungen eines ästhetischen von den Wirkungen eines trivialen, die eines literarischen von denen eines pragmatischen (z. B. Werbe-)Textes?

auch nur einigermaßen sicher zu beantworten. Wir müssen uns weitgehend mit Vermutungen und der Beobachtung von Entwicklungstendenzen bescheiden.

Barbara Sichtermann hat die problematische Lage, in der sich die Wirkungsforschung befindet, mit einem drastischen Bild veranschaulicht: „Dem Wirkungsforscher geht es wie dem Schützen auf dem Jahrmarkt, der visieren, schießen und treffen soll, obgleich sich vor seinen Augen das Ziel ziemlich rasch hin und her bewegt, ihm dabei auch noch jemand von hinten unter den Armen kitzelt und obendrein das Gewehr klemmt." Und Angela Schor hat 1996 auf der Jahrestagung der experimentell arbeitenden Psychologen der Wirkungsforschung „Steinzeitniveau" bescheinigt.

Unterschiedliche Positionen

Durch den Mangel an stichhaltigen Befunden der Buchwirkungsforschung ist ein breites Spektrum an Meinungen über den Effekt, den Texte bei (jungen) Lesern auslösen, entstanden. Es reicht von der überaus wirkungsoptimistischen Position (die Wirkungsmöglichkeit literarischer Texte wird als völlig unstrittig angenommen) bis hin zur extrem wirkungspessimistischen (es wird eine totale Wirkungslosigkeit literarischer Texte behauptet).

Im folgenden seien einige Belege für mehr oder weniger starken Wirkungsoptimismus aufgeführt (nicht verwunderlich, wenn es vor allem Schriftsteller sind, die ihn vertreten: Träfe der alte Traum „Gute Bücher erziehen zu guten Menschen" zu, wie müßte man den Autoren zujubeln!).

- Josef von Eichendorff: „Wir alle sind, was wir gelesen."

- Elias Canetti: „Vom Zufall des Gelesenen hängt es ab, was man ist."

- Christa Wolf: „Glauben Sie an die Wirkung von Literatur? Ich glaube, daß jener Apparat, der die Aufnahme und Verarbeitung von Wirklichkeit zu tätigen hat, von Literatur geformt wird. Wie sind wir so geworden, wie wir heute sind? Eine der Antworten wäre eine Liste mit Buchtiteln!"

- Erich Fried: „Literatur kann Menschen verändern und die Welt verändern – nicht direkt, sondern dadurch, daß sie das Denken und Fühlen einzelner Menschen wachhält."

- Gottfried Benn: „Die Dichtung bessert nicht, aber sie tut etwas viel Entscheidenderes: sie verändert."

- Vargas Llosa: „Nichts schärft unser Gespür mehr, nichts macht uns so empfänglich für das Erkennen der Wurzeln der Grausamkeit, der Schlechtigkeit und der Gewalt, die der Mensch entfesseln kann, wie gute Literatur."

- Alberto Manguel: „Selbst wenn Lesen keine direkten, sichtbaren Auswirkungen auf die Gesellschaft hat, glaube ich fest an die Wirksamkeit des 'bekritzelten Papiers', weil es dem Leser ermöglicht, anders zu handeln."

- Renate Welsh: „Ein Buch, das für jemanden wichtig ist, sickert in ihn hinein wie Regenwasser in den Karst, also es bewirkt etwas – nur wie, das ist schwer zu sagen."

Es fehlt aber auch nicht an Gegenstimmen (nicht verwunderlich, wenn unter den Wirkungspessimisten selten Schriftsteller zu finden sind: Wer gesteht schon gerne ein, daß heutzutage jeder Fußball- und Tenniscrack, jeder Fernseh- oder Popstar das Verhalten von Heranwachsenden effizienter beeinflußt als ein Kinderbuchautor?).

- Marcel Reich-Ranicki: „Nur in der Diktatur vermag die Literatur einen Einfluß auf die Leserschaft auszuüben, also einen Beitrag zur Veränderung der Verhältnisse zu leisten."

- Robert Walter Leonhardt: „Jeder liest aus einem Buch doch nur das heraus, was ihm besonders eingeht."

- Hans Norbert Fügen führt die These von der „gesellschaftlichen Funktionslosigkeit" der Lektüre angesichts der heutigen Medienvielfalt und -konkurrenz an.

- Robert Menasse: „Es ist erstaunlich, wie hartnäckig sich die Idee hält, daß Lesen irgend etwas verbessern könnte! Kann eine Welt wirklich bedroht sein, in der selbst derart dürftige Ideen unzerstörbar sind?"

Seitdem man in den 70er Jahren begonnen hat, empirisch zu arbeiten, läßt sich eine gemäßigte Auffassungsweise hinsichtlich der Buchwirkung registrieren. Es wird zunehmend als sicher angenommen, daß Textaussagen nicht zu unterschätzende Spuren hinterlassen können, jedoch wird ausgeschlossen, daß Texte als „heimliche Verführer" und „hochpotente Einfluß- und Erziehungsmittel" in Erscheinung treten. Die gegenwärtige Einschätzung literarischer Wirkungen läßt sich nach Norbert Groeben und Peter Vorderer am ehesten mit dem Begriff *„gedämpfter Wirkungsoptimismus"* umschreiben. (Auf diese Hoffnung setzt im übrigen die Bibliotherapie, die sich – nach der gewagten Devise „(Vor-)Lesen, um gesund zu werden" – von dem Einsatz ausgewählter Bücher etwa in Kinderkrankenhäusern heilsame Wirkungen auf Körper und Geist ihrer kleinen Patienten erwartet.)

Um ein einigermaßen zutreffendes Verständnis von Lesewirkungen zu erhalten, sind wenigstens drei Thesen zu berücksichtigen:

- Lesewirkung darf nicht als ein linearer, eingleisiger Bezug zwischen den beiden Faktoren „Buch" und „Leser" vorgestellt werden, sondern als ein mehrpoliger, komplexer und vernetzter Vorgang, an dem eine Fülle von Variablen beteiligt ist (u. a. die „Vermittler" und ihre Eingriffe in den Wirkungsprozeß oder der „Medienmarkt" und seine Verkaufs- und Werbestrategien).

- Lesewirkung ist nicht als ein naives Kausalitätsverhältnis zu verstehen, wonach in einer 1:1-Gleichung von der „Ur-

sache" eines bestimmten im Buch gezeigten Verhaltens-
musters auf die „Wirkung" eines bestimmten vom Leser
realisierten Verhaltens geschlossen werden kann, nach
der Devise „Schlechter Inhalt – schlechte Wirkung, guter
Inhalt – gute Wirkung!"

- Lesewirkung ist kein Ereignis, das zwangsläufig, schlagartig und radikal eintritt. Sie verläuft eher im Sinne von Spu-
renelementen, die – wenn überhaupt – fast unbemerkt
langsam und oft nur Akzente verschiebend ihre Einflüsse
geltend machen. Im „Lebenslauf eines Lesers" schreibt
Martin Walser: „Wirkungen brauchen Zeit. Manchmal
vergehen Jahre, bis man erfährt, was beim Lesen eines
Buches mit einem selbst passiert."

Ausblick

Die Wirkung eines Textes läßt sich also niemals nur auf seinen Inhalt und seine Aussage reduzieren, sondern ist immer
auch durch soziale, situative und personelle Randbedingun-
gen vor- und mitgeprägt. Aus Begegnungen und Gesprächen, aus Lebenserfahrungen und Ereignissen, aus Bildern,
Filmen und Hörspielen, aber eben auch aus Büchern wird
ein Gewebe gewirkt, das man „Meinung", „Haltung",
„Weltanschauung" nennen mag.

Gerade weil wir die letzten Ursachen für Lesewirkungen
und die wahren Wirkungsabläufe beim Lesen (noch) nicht
erfassen, weil wir zum Thema „Lesewirkungen" im Augenblick nichts Sicheres und Endgültiges wissen, müssen wir es
präsent halten und in verstärktem Maße fortfahren, Lesewirkungen zu beobachten, zu messen und auf „Gesetze" zurückzuführen versuchen.

Um voranzukommen, ist es vielleicht auch angebracht, einen Paradigmenwechsel von der Wirkungs- zur Nutzungsfor-
schung vorzunehmen und sich statt mit der Frage „Was
macht der Text mit dem Leser?" vermehrt mit der Frage aus-

einanderzusetzen: „Was macht der Leser mit dem Text?" Mit diesem „Nutzungs-Ansatz", der kürzlich wieder in Gespräch gebracht wurde, lassen sich nach Meinung von Erich Schön die Dispositionen der Rezipienten, der Rezeptionsvorgang in seiner komplexen Qualität und die motivationalen, kognitiven und emotiven Dimensionen der Rezeption besser beschreiben als mit dem „Wirkungs-Ansatz".

Damit könnte endlich auch eine sehr häufige, aber falsche Vorstellung von Wirkung ausgeräumt werden: In naiver, rein inhaltsbezogener Deutung wird davon ausgegangen, daß das, was vordergründig erzählt wird, alles ist; Nichtdargestelltes wird damit ignoriert. Das hieße, es gäbe nichts „zwischen den Zeilen", „Leerstellen" würden nicht gefüllt, „Auslassungen" übergangen, „Doppel- und Mehrdeutigkeiten" nicht erfaßt ... Tatsache aber ist, daß Lektüre Wirkungen auszulösen vermag, die über das Dargestellte und Abgebildete, über die reine Oberflächenstruktur hinausgehen. Der Leser ist als Ko-Produzent des Textes zu verstehen, in seinem Kopf können Geschichten entstehen, die im erzählten Wortlaut gar nicht existieren.

Damit wäre dann auch eine Verbindung zu jenen Didaktikern geschaffen, die für einen produktiven Umgang mit Literatur plädieren. Für Günter Waldmann ist Lesen ein unablässiger Prozeß der Sinnproduktion durch den Leser, ein „koproduktiver Vorgang, bei dem der Leser mit seiner Vorstellungskraft und Phantasie die im literarischen Text gegebenen schematischen Entwürfe zu konkreten Realitäten auffüllt."

Es bleibt dabei: Die Frage „Können die Bücher die Welt verändern?" ist eine der ältesten überhaupt und eine der reizvollsten und interessantesten obendrein. Die Schriftstellerin Eva Demski hat dafür folgende einfache Antwort parat: „Jeden Tag tun sie es ..." und eine verblüffende Begründung: „... denn die Welt steht nicht, sie geht." Welcher Bücherfreund schlösse sich diesem Glauben nicht gerne an?

Z = Zukunft der Literatur

Ist das Leseland verloren?

Glaubt man den Zeitungen, so ist eigentlich alles schon ge-
laufen: Der Verfall der Lesekultur scheint nicht mehr aufzu-
halten zu sein. Schlagzeilen wie „Ausgelesen!", „Wir verler-
nen das Lesen!" „Vorwärts in die Barbarei!" oder „Die Lesekultur ist im Sinkflug!" sind an der Tagesordnung. Dem
steht allerdings der phänomenale Erfolg des Buchhelden
Harry Potter gegenüber, der – wie kürzlich der „Spiegel"
feststellte – nicht nur Kinder und Erwachsene in aller Welt
verzaubert, sondern zugleich „eine Legende der digitalen
Ära: die Legende vom baldigen Ende des herkömmlichen
Buches" entzaubert hat.

Aber auch unter Kulturkritikern sind Äußerungen wie „Gegen den Tod des Lesens kann man nichts tun. Es gibt kein
Zurück mehr!" (Philip Roth in einem „Zeit"-Interview) und
diametral entgegengesetzte Behauptungen wie „Trotz aller
Innovationen, die das Internet mit sich bringt: Das traditionelle Buch hat nichts von seiner Faszination verloren" (Wolf
Lepenies) nichts Ungewöhnliches.

Die Frage, ob das Leseland verloren, gar schon abgebrannt
sei, ist alles andere als leicht zu beantworten; es gibt kein
einfaches Ja oder Nein.

Sicher ist: Wir stehen an einer Zeitwende, die durch eine ge-
waltige elektronische Aufrüstung, enorm schnell sich weiter-
entwickelnde Computertechnologien und immer neue audiovisuelle Informationspraktiken gekennzeichnet ist. Inwieweit das Buch bei diesem Wettlauf mithalten kann, ist für
viele fraglich. Wir gehen ungewissen Zeiten entgegen, und
das macht uns Angst, Angst davor, daß es mit der Lese- und
Buchkultur ein für allemal zu Ende gehen könnte.

Viele von uns sehen mit gemischten Gefühlen, einige gar mit Grausen, die Untergrabung erzieherischer und ästhetischer Ziele durch die Anhänglichkeit der Heranwachsenden an die Medien – mögen es nun 117 oder schon 153 Minuten sein, die ein durchschnittlicher Zehnjähriger inzwischen täglich vor dem Fernsehgerät verbringt.

Wir müssen zugeben, von der Wucht dieser Entwicklung überrascht worden zu sein. Dabei sind es – nach Wilhelm Steffens – zwei Seiten, die uns Sorgen bereiten:

- die quantitative Seite: Das Kinderbuch ist heute lediglich noch ein Segment einer multimedial strukturierten Kinderkultur, Bestandteil eines Verbundsystems, innerhalb dessen es sich immer schwerer zu behaupten weiß

- die qualitative Seite: Die traditionellen Funktionen der Kinder- und Jugendliteratur (etwa die Förderung des jungen Lesers in sprachlicher, kognitiver und emotionaler Hinsicht) scheinen an Bedeutung zu verlieren. Wir überlassen sie – mit all den damit verbundenen Einbußen – mehr oder weniger kampflos den elektronischen und audiovisuellen Medien, aus dem vagen Gefühl heraus: Was sich nicht aufhalten läßt, wird über kurz oder lang auch nicht mehr in Zweifel gezogen.

Steffens kommt zu dem bedrückenden Schluß: „Die literarisch anspruchsvollere Kinder- und Jugendliteratur scheint ... tatsächlich zwischen den multimedialen Mühlsteinen des neuen Jahrtausends zermahlen zu werden."

Ähnliche Signale sind auch von ganz anderer Stelle zu vernehmen: Wie hieß es ernüchternd in einem „Spiegel special" zum Thema „Schriftkultur"?

- Das elektronische Zeitalter mit seinen virtuellen Realitäten schaffe zugleich mit dem Buch die klassische Beziehung zwischen Autor und Leser ab – den Kern der europäischen Kultur.

- Schon heute sei deutlich festzustellen, daß die schöpferischen Talente vom klassischen Medium „Buch" weg hin zum Medium „Fernsehen", zum Film und den damit verbundenen Künsten strömten.

- Ein Großteil der Buchsorten, die gegenwärtig noch existierten, werde sehr bald Geschichte sein. (Es handelt sich jedoch um Bücher ohne besondere kulturelle Bedeutung: Kataloge, technische Handbücher, Nachschlagewerke u. ä.)

Überraschend dann und schon viel hoffnungsvoller die Prognose von Rainer Traub: „Sogar klassische Romane hätten Aussicht auf große Auflagen ..." – der allerdings eine auf Anhieb nur schwer verdauliche Erklärung folgt: „... sobald sie erst durch visuelle Medien popularisiert seien."

Für die Literatur insgesamt – die Kinderliteratur eingeschlossen – wird sich demnach die Situation verdrehen: Bücher werden in Zukunft nicht mehr in erster Linie als „Primär-Medien" Verbreitung finden, also zuständig sein für die Erstbegegnung mit einer Geschichte, sondern als „Sekundär-Medien"; das Lesen folgt dem Sehen.

Das ist auch die These Hubert Winkels in seinem Buch „Leselust und Bildermacht": Lesen erzählt *nach* dem Fernsehen. Ihr Stoff wird gesendet, bevor er gelesen ist – eine Entwicklung, die über kurz oder lang die Regel sein wird, aber auch jetzt schon ansatzweise Realität ist. Man bringe das Gespräch auf ein Buch – im Handumdrehen landet man bei der Verfilmung des Buches oder einer entsprechenden Fernsehsendung!

Feststeht: Wir befinden uns inmitten eines Prozesses medialer Umwälzungen – unsere Hoffnung ist, daß das gedruckte Buch auch künftig eine bedeutende Rolle spielen wird. Ungewiß scheint nicht so sehr, ob das Buch von der Bildfläche verschwinden wird oder nicht. Das Buch als ein zum Aussterben verurteiltes Medium zu erklären, dafür gibt es keinen einzigen hinreichenden Grund. Zwar liegt das Lesen im argen, aber dabei muß es ja nicht bleiben. Es wird in den Schulen und in der Öffentlichkeit seit Jahren eine Menge getan für die Leseförderung!

Viel interessanter ist es, den Fragen nachzugehen:

- Wie werden sich Buchvertrieb und Buchverkauf in Zukunft abspielen?

  Mit Sicherheit wird sich der Verkauf von Büchern übers Internet und ihre Förderung – etwa über Web-Seiten – stark ausweiten. Dennoch werden auch die Buchhandlungen alten Stils weiterhin gute Aussichten haben; denn es wird immer Menschen geben, die das Buch, das sie kaufen möchten, zuvor sehen und in der Hand halten wollen.

- Wie werden sich die Lesegewohnheiten der Menschen verändern?

  Es ist zu befürchten, daß das „Häppchenlesen" (wie es beim Umgang mit dem Computer geschieht) dominiert und das „Lesen langer Texte" immer mehr zurückgedrängt wird; und es könnte sein, daß bestimmte Rezeptionsformen, die beim Fernsehen üblich sind wie „Switchen", „Zappen" oder „Zoomen", sich auch beim Buchlesen durchsetzen.

- Wie werden sich die Funktionen des Buches verändern, welche Rolle wird es übernehmen angesichts der Tatsache, daß heute alle wesentlichen Wissens- und Informationsprozesse computergestützt ablaufen?

  Erwartet werden kann immerhin dies, daß die Buchkultur sich behaupten wird – im Nebeneinander mit den anderen Lese- und Schriftkulturen wie dem Lesen von Fernsehbildern, dem Lesen am Computer und dem Lesen elektronischer Bücher („E-books").

Man sollte es mit Umberto Eco halten, der in einem seiner „Streichholzbriefe" geschrieben hat: „Das Buch kann gar nicht untergehen, denn auf seine Weise ist es eine ebenso perfekte Erfindung wie der Hammer, das Fahrrad oder die Schere" oder mit Mirjam Pressler und ihrem „Loblied" auf die Bücher:

> Ohne Bücher
> bleibt die Welt eng,
> die Möglichkeit dessen,
> was man für denkbar
> und daher auch
> für machbar hält,
> begrenzt.
> Wir brauchen
> viele Bücher, viele,
> viele verschiedene
> Bücher.
> Viele kleine Gucklöcher
> in der Wand,
> die zwischen uns
> und der oft so
> unverständlichen
> Welt steht.

Dürfen wir uns in einer Situation nie dagewesener Bedrohung der Liebe zu einer so im Inneren sich abspielenden Sache wie dem Lesen verschreiben – ein Gedanke, den Elias Canetti einmal in den provokanten Satz „In fünf Minuten wäre die Erde eine Wüste, und du hängst an Büchern!" gekleidet hat – oder müßten wir die Bücher nicht besser in die Ecke werfen und die Kinder nur mehr zum „Handeln" auffordern und erziehen?

Lesen „bildet" nicht nur, sondern macht wach, stärkt Kopf, Herz und Sinne, beeinflußt die Einstellungen ebenso wie das Verhalten. Wer liest, lebt intensiver und weiß genauer, was er gewinnen kann und was er zu verlieren hat!

Deswegen vor allem braucht das Lesen eine starke Lobby!

Auf der Suche nach verlorenen Kinderbüchern – ein Nachwort

Mein frühestes Leseerlebnis, mein „Erweckungsbuch", hatte eine prophetische Note. Ein kleiner sächsischer Junge wird über ein buntes Bilderbuch mit bayerischer Folklore konfrontiert, einer Lebensform, die ihm ebenso fremd und himmelweit entfernt schien wie die Chinas oder Schwarzafrikas. Die Thematik selbst war ihm freilich nicht unbekannt: Ein „Hänschen klein" namens Seppl, das sich klammheimlich von zu Hause fortmacht, „in die weite Welt hinein" geht, um nach einer Reihe glücklich überstandener Abenteuer – durchaus gereifter – dorthin zurückkehrt, von wo aus alles seinen Ausgang genommen hatte.

Weder Titel noch Verfasser sind ihm im Gedächtnis geblieben, nur zwei, drei beeindruckende Bilder (Hirsch und Reh etwa, am Waldrand stehend, vom Scheinwerfer eines Autos grell beleuchtet, mit weit geöffneten, phosphoriszierenden Augen); dazu die ersten Verszeilen, die ihm bis heute nicht aus dem Kopf gehen und wie ein vielgesungenes Lied immer wieder nach außen drängen, wenn er – im Bayerischen längst heimisch geworden – sich seiner Kindertage erinnert:

> *„Wo die hohen Tannen ragen,*
> *wohnt der Seppl Schwartenmagen.*
> *Seine Eltern waren beide*
> *arbeitsame, brave Leute."*

Über das erste Lebensjahrzehnt hinweg war für ihn bayerische Lebensart identisch mit der Welt Seppl Schwartenmagens, mit Hochgebirge also und Waldeinsamkeit, mit Sennhütte und Hirtendasein, mit Almenrausch und Edelweiß. Daß er dann aufs äußerste ernüchtert war, als er mit seinen

Eltern aus Mitteldeutschland flüchtend nach Mittelbayern kam und ganz normale Menschen in ganz unspektakulären Verhältnissen vorfand, wird nur diejenigen verwundern, die nichts von den oft tiefgreifenden Wirkungsmöglichkeiten der ersten Bilderbücher wissen. Jean Paul hat die Macht von Anfängen und Erstmaligkeiten einmal wie folgt beschrieben: „Alles Erste bleibt ewig im Kind; die erste Farbe, die erste Musik, die erste Blume malen den Vordergrund seiner Welt aus!"

Mein halbes Leben lang bin ich nun auf der Suche nach diesem Bilderbuch; wie viele Antiquariate und Flohmärkte ich bisher auch durchstöbert habe, fündig geworden bin ich nicht!

Gleiches gilt für ein reich bebildertes und pfundschweres – in der Erinnerung sicherlich viel zu gewichtig und immer voluminöser gewordenes – Kinderbuch mit dem Titel „Vom Engelchen und Teufelchen". Herzlich lieb hatte ich jede einzelne Geschichte, herzlich lieb vor allem das übermütige „Teufelchen", das eben jene Unartigkeiten zeigte, die mich faszinierten und die selber auszuführen ich mich kaum getraut hätte. Das Widerborstige, Kecke, Renitente, das „Antiautoritäre" reizte mich und ich machte die elementare Erfahrung, daß zur Formulierung des Negativen und Abweichenden eine anziehendere, farbigere Palette an Ausdrücken zur Verfügung stand, daß Literatur vor allem durch die Darstellung der dunklen, dissonanten Seiten seine Spannung erhält, die heilen und hellen Seiten einen eher langweilen. Daß das auch ein Problem der großen, der klassischen, ja der Weltliteratur ist, lernte ich später: Mit welcher Erregung verschlang ich die Passagen über die Hölle und Fegfeuer in Dantes „Göttlicher Komödie", wie enttäuscht wurde ich von jenen über das Paradies.

Von da an schien meine Leseentwicklung den klassischen „Bühlerschen" Verlauf zu nehmen: über die Märchen (ne-

ben den Grimmschen waren es vornehmlich die russischen),
die Heldensagen (unter der personifizierenden und konkre-
tisierenden Bezeichnung sind vor allem die von mir so genannten und so verstandenen „Nibeljungen" erinnerlich)
hin zu den Abenteuerbüchern (allen voran der bewunderte
„Robinson" und der tief betrauerte „Sigismund Rüstig") –
wäre da nicht ein seltsamer, im nachhinein jedoch durchaus
erklärbarer „trivialliterarischer Absturz" erfolgt. Die dritte
wichtige Station auf meinem Weg zum lebenslangen Leser
betraf nämlich eine Art Literatur, die man gewöhnlich als
„Schund" bezeichnet. Ich muß etwa zwölf Jahre alt gewesen
sein, ein nicht sonderlich erfolgreicher Gymnasiast (ich habe
das Gymnasium kurz darauf vorzeitig verlassen und eine
kaufmännische Lehre begonnen; erst mehr als zehn Jahre
später ergab sich eine Gelegenheit, das Abitur mit Müh und
Not nachzuholen!). Dem Gedächtnis fest eingeprägt bleibt
ein Zwiespalt, dem ich damals ratlos gegenüberstand und
schicksalhaft ausgeliefert schien:

- Ich las sehr mäßige Literatur, die aber unmäßig. Ich war
  Billy-Jenkins-Büchern verfallen. Billy Jenkins war ein unerhört rüder, immer siegreicher Indianer- und Wild-West-
  Held. Dutzende von Büchern und Heftchen gaben über
  die Taten dieses allzeit schußbereiten und treffsicheren
  Draufgängers beredte Auskunft. Ich war süchtig bemüht,
  möglichst allem habhaft zu werden, was es über Billy Jenkins zu wissen und zu sammeln galt.

- Und ich schrieb sehr schwache Aufsätze. Selten bekam ich
  eine bessere Note als „Vier". Stets standen mit breiter Fe-
  der und in flammendem Rot geschriebene Bemerkungen
  wie „mangelhafter Ausdruck" oder „fehlende Logik" darunter, versehen mit dem Peitschenhieb eines Ausrufezei-
  chens. Ich habe nie genau erfahren, was meinen Lehrern
  an meinen Aufsätzen eigentlich mißfiel. Mitunter stand
  auch noch das Wort „Übertrieben" dabei – das verstand
  ich noch weniger!

Wenn es sich machen ließ – und in dieser Zeit hat man viel
Phantasie für dergleichen – versuchte ich, Übelkeit oder
Bauchschmerzen vortäuschend, diesen Aufsatz-Schreib-Ter-
minen auszukommen. Die Schule dann und wann schwän-
zend – nicht zu oft, das fiele auf – hatte ich Zeit, daheim eine
Art „Buch" zu schreiben, einen Fortsetzungsroman, mit
eben jenem Billy Jenkins als Hauptperson. Der „Roman"
begann – ich weiß das bis heute – mit drei bedeutungsvollen,
großartigen Worten, von denen ich überzeugt war, sie seien
an Spannung nicht zu überbieten, und von denen ich glaubte, sie würden den Leser gleich mitten hineinreißen in die
Geschichte und ihn ein für allemal an das Geschehen bin-
den. Sie lauteten: „Die Roten kommen!" (was natürlich
nicht politisch gemeint war). In diesem Stil, mit effektha-
schenden Sätzen und ausgefallenen Handlungen, ging es
weiter.

Im übrigen erreichte dieser „Western" einen ganz stattlichen
Umfang: zehn oder zwölf Fortsetzungskapitel waren es am
Schluß. Ich habe ihn nicht beendet, wurde der Sache irgend-
wann überdrüssig, irgendwelche Umstände verhinderten
ein Weiterschreiben. Ich gäb' was darum, wenn ich ihn aufgehoben hätte . . .

Jugenderinnerungen wie diese dürften bis zu einem gewissen Grade generalisierbar sein. Wahrscheinlich gibt es viele
junge Leute mit durchaus ähnlichen Erfahrungen. Es ist die
Geschichte eines Heranwachsenden, der erzwungenes, ge-
fordertes, verlangtes, vorgeschriebenes Lesen und Schreiben ablehnt und gleichzeitig Gelegenheiten sucht zum frei-
en, eigenen, ungezwungenen und unbeaufsichtigten – heute
sagt man wohl „kreativen" – Lesen und Schreiben.

Ich habe später dergleichen vielfach in autobiographischen
Texten wiedergefunden, besonders bei Schriftstellern stößt
man häufig auf Belege dieser Art.

Einer der schönsten stammt von Siegfried Lenz:

„Ich war etwa zehn Jahre alt, als es mich 'traf', als mir eine Literatur den Weg verlegte, die eigens für mich gemacht schien. Ich brauchte sie nicht zögernd zu wählen, da sie selbst mich gewählt hatte als ihren süchtigsten Leser ... Klassenkameraden waren die Vermittler ... So einfach kommt man mitunter zur Literatur. Ich pumpte mir einige der fleckigen, von höchster Lesererregung zeugenden Heftchen – Tinte, Fett und Fingerschweiß auf jeder Seite –, begann noch in der Religionsstunde zu lesen und hatte auf einmal das Gefühl, gefunden zu haben, was ich unbewußt und beinahe schmerzhaft entbehrt hatte ... Ich las Rolf Torrings Abenteuer, Jörn Farows U-Boot-Abenteuer und die harten Western von Zane Grey. Ich las sie sitzend und stehend und im Schein der Taschenlampe unter der Bettdecke. Sobald mir ein unbekannter Titel in die Hände fiel, schlug ich in äußerster Erregung zuerst immer die letzte Seite auf: Sie leben doch wohl noch, meine Helden, ihnen wird doch wohl nichts zugestoßen sein? Erst nachdem ich diese dringende Sorge los war, machte ich mich erleichtert an die Lektüre, die noch jedesmal begleitet war von Hautjucken, beschleunigtem Atem und Augenflimmern. Als süchtiger Leser reagierte ich ordentlich, und das heißt körperlich: auf einmal kratzten mich meine Wollstrümpfe, der Schal zog selbst den Knoten fester, mein Lieblingsstuhl wurde zu einem Schlingerstand ... Waren meine Heftchen, die lappigen, zerfledderten, waren meine seligmachenden Schmöker 'gute' Literatur, 'schlechte' Literatur, 'Schund' am Ende? Ich habe diese Frage nie entschieden ... Gut ist das Buch, das einen entwickkelt. Wie und in welcher Weise mich meine vielfleckigen Heftchen entwickelt haben, werde ich wohl kaum herausfinden, da Literatur – und zur Literatur zählt mehr als einige unwirsche Hohepriester uns einreden wollen – eine grundsätzlich unterwandernde Wirkung hat. Soviel aber ist sicher: meine Heftchen halfen mir zu entkommen und weckten meine Leseleidenschaft" und – so kann man hinzusetzen – die Lust, selbst zu schreiben.

Dieses Beispiel macht deutlich, welche Wirkungen das Lesen hinterlassen kann, zeigt wie fest Lesen und Schreiben verbunden sind und vermittelt den tröstlichen Gedanken, daß das zeitweilige Verfallensein an sogenannte minderwertige Texte, an Trivial- und Heftchenliteratur, in Kindheit und Jugend keineswegs „gefährlich" sein, ja – wie im Fall Siegfried Lenz – nicht einmal einer enormen Lese- und Schreibkarriere im Wege stehen muß.

Nicht zuletzt enthält es auch einen Fingerzeig für den richtigen, d. h. auf das einzelne Kind zugeschnittenen Umgang mit Literatur in der Schule und die Ermutigung an die Lehrer, ihre Schüler – sooft es geht – (mit-)entscheiden zu lassen über das, was zu lesen und worüber zu schreiben ist.

Verzeichnis verwendeter Literatur:

In die folgende Liste sind lediglich diejenigen Quellen aufgenommen, die in den einzelnen Artikeln explizit angesprochen wurden; auf Hinweise über weiterführende Fachliteratur wurde verzichtet. Die bewußt einfach und sparsam gehaltene Zitierweise wurde gewählt, um die Lesbarkeit der Texte zu erhöhen und um den eher essayistischen, weniger streng wissenschaftlichen Charakter zum Ausdruck zu bringen.

Aebli, Hans: Zwölf Grundformen des Lehrens. Stuttgart 1983.

Bamberger, Richard: Jugendlektüre. Jugendschriftenkunde, Leseunterricht, Literaturerziehung. Wien ²1965.

Baumgärtner, Alfred Clemens: Das Jugendbuch im Literaturunterricht. In: Blätter für Lehrerfortbildung 12/1977.

Baumgärtner, Alfred Clemens/Watzke, Oswald: Wege zum Kinder- und Jugendbuch. Donauwörth 1985.

Becker, Günter/Lösche, Michael (Regie): Ich bin klein, aber wichtig. Fernsehdokumentation. 1989.

Bettelheim, Bruno: Kinder brauchen Märchen. Stuttgart 1977.

Bettelheim, Bruno: Fernsehinterview zum Thema „Märchen und Wirklichkeit". 1977.

Born, Monika: Kognitiver und kreativer Umgang mit Märchen in Erziehung und Unterricht. In: jugendbuchmagazin 4/1988.

Börsenblatt für den Deutschen Buchhandel: Hitliste beliebter Autoren. 74/2000.

Brackert, Helmut: Vorwort zu „Das große deutsche Märchenbuch". München, Zürich 1994.

Brenner, Gerd/Kolvenbach, Hans Jürgen: Praxishandbuch Kinder- und Jugendliteratur. Königstein 1982.

Cotroneo, Roberto: Wenn ein Kind an einem Sommermorgen. Düsseldorf 1996.

Dahrendorf, Malte: Literaturdidaktik im Umbruch. Düsseldorf 1975.

Dahrendorf, Malte: Kinder- und Jugendliteratur im bürgerlichen Zeitalter. Königstein 1980.

Dahrendorf, Malte: Vom Umgang mit Kinder- und Jugendliteratur. Berlin 1996.

Dankert, Birgit: Es ist etwas schiefgelaufen ... In: Börsenblatt für den Deutschen Buchhandel 78/1983.

Dégh, Linda: Zur Rezeption der Grimmschen Märchen in den USA. In: Über Märchen für Kinder von heute. Hrsg. von Klaus Doderer. Weinheim, Basel 1983.

Der Spiegel: Der ewige Muttertag. 46/1998.

Dinges, Ottilie u. a. (Hrsg.): Märchen in Erziehung und Unterricht. Kassel 1986.

Doderer, Klaus: Klassiker der Kinder- und Jugendliteratur. In: Lexikon der Kinder- und Jugendliteratur. Vier Bände. Hrsg. von Klaus Doderer. Weinheim, Basel 1975 ff.

Doderer, Klaus: Literarische Jugendkultur. Weinheim, München 1992.

Doderer, Klaus: Klassiker, überall Klassiker. In: Börsenblatt für den Deutschen Buchhandel 86/1993.

Dolle-Weinkauff, Bernd/Ewers, Hans-Heino (Hrsg.): Theorien der Jugendlektüre. Weinheim, München 1996.

Duve, Karen/Völker, Thies: Lexikon berühmter Tiere. Frankfurt a. M. 1997.

Falschlehner, Gerhard: Vom Abenteuer des Lesens. Salzburg, Wien 1997.

Fraiberg, Selma: Die magischen Jahre in der Persönlichkeitsentwicklung des Vorschulkindes. Reinbek 1972.

Franz, Kurt u. a. (Hrsg.): Kinder- und Jugendliteratur. Ein Lexikon. Meitingen 1995 ff.

Franz, Kurt/Meier, Bernhard: Was Kinder alles lesen. Kinder- und Jugendliteratur im Unterricht. München 1978.

Franzmann, Bodo u. a. (Hrsg.): Handbuch Lesen. München 1999.

Freund, Winfried: Das zeitgenössische Kinder- und Jugendbuch. Paderborn u. a. 1982.

Fritzsche, Joachim: Zur Didaktik und Methodik des Deutschunterrichts. Drei Bände. Stuttgart u. a. 1994.

Gansel, Carsten: Moderne Kinder- und Jugendliteratur. Berlin 1999.

Gärtner, Hans: Rückkehr ins „entschwundene Land"? In: Jugendliteratur im Sozialisationsprozeß. Hrsg. von Hans Gärtner. Bad Heilbrunn 1978.

Giera, Joachim: „Es ist, was es ist …". In: Märchen – Kinder – Medien. Hrsg. von Kurt Franz und Walter Kahn. Baltmannsweiler 2000.

Gmelin, Otto Friedrich: Böses kommt aus Kinderbüchern. München 1972.

Grieser, Dietmar: Im Tiergarten der Weltliteratur. München 1991.

Groeben, Norbert/Vorderer, Peter: Leserpsychologie: Lesemotivation – Lektürewirkung. Münster 1988.

Grundschule: Themenheft „Kinderfilm". 7–8/1991.

Grützmacher, Jutta (Hrsg.): Didaktik der Jugendliteratur. Stuttgart 1979.

Gundlach, Margarete: Bücher zum Frieden. In: Frieden ist der Weg. Hrsg. von Heinz Schernikau und Barbara Zahn. Weinheim, Basel 1990.

Haas, Gerhard (Hrsg.): Kinder- und Jugendliteratur. Zur Typologie und Funktion einer literarischen Gattung. Stuttgart 1974.

Haas, Gerhard: Handlungs- und produktionsorientierter Literaturunterricht. Hannover 1984.

Haas, Gerhard: Das Elend der didaktisch ausgebeuteten Kinder- und Jugendliteratur. In: Praxis Deutsch 89/1988.

Härtling, Peter: Die Wirklichkeit der Kinder. Rede bei der Verleihung des Deutschen Jugendbuchpreises 1969.

Härtling, Peter: Das andere Ich. Köln 1998.

Härtling, Peter: Werkstattbuch. Weinheim, Basel 1998.

Härtling, Peter (Hrsg.): Helft den Büchern, helft den Kindern. München, Wien 1985.

Hartmann, Waltraud u. a. (Red.): Buch – Partner des Kindes. Wien 1978.

Hentig, Hartmut von: Die Kinder an die Macht? In: Der Spiegel 51/1970.

Hentig, Hartmut von: Janusz Korczak oder Erziehung in einer friedlosen Welt. Rede anläßlich der Verleihung des Friedenspreises des Deutschen Buchhandels 1972.

Hentig, Hartmut von: Die Schule neu denken. München, Wien 1993.

Herzog, Karl/Löckel, Heinrich: Ratgeber für den Leseunterricht. Langensalza u. a. 1936.

Hurrelmann, Bettina: Wider die neue Eindimensionalität. In: Praxis Deutsch 90/1988.

Hurrelmann, Bettina: Leseförderung. In: Praxis Deutsch 127/1994.

Hurrelmann, Bettina (Hrsg.): Klassiker der Kinder- und Jugendliteratur. Frankfurt a. M. 1995.

Karst, Theodor (Hrsg.): Kinder- und Jugendlektüre im Unterricht. Zwei Bände. Bad Heilbrunn 1978 f.

Kästner, Erich: Werke in neun Bänden. Hrsg. von Franz Josef Görtz. München, Wien 1998.

Kesten, Hermann: Einleitung zu: Erich Kästner – Gedichte. Frankfurt a. M. ⁴1990.

Key, Ellen: Das Jahrhundert des Kindes. Berlin, Königstein 1978 (erstmals 1902).

Kliewer, Heinz-Jürgen: Positionen der Didaktik der Kinder- und Jugendliteratur. In: Theorien der Jugendlektüre. Hrsg. von Bernd Dolle-Weinkauff und Hans-Heino Ewers. Weinheim, München 1996.

König, Guido: Märchen heute. In: Die Grundschule 3/1975.

Korczak, Janusz: Wie man ein Kind lieben soll. Göttingen 1967.

Korczak, Janusz: Das Recht des Kindes auf Achtung. Göttingen 1970.

Korczak, Janusz: König Hänschen auf der einsamen Insel. Göttingen ³1993.

Korczak, Janusz: Der kleine König Macius. Freiburg ⁵1994.

Korczak, Janusz: König Hänschen I. Göttingen ⁵1995.

Korczak, Janusz: Sämtliche Werke. Hrsg. von Friedhelm Beiner und Erich Dauzenroth. Gütersloh 1996 ff.

Krejci, Michael: Deutschunterricht. Einführung in Theorie und Praxis. Baltmannsweiler 1981.

Krockow, Christian von: Heimat. Erfahrungen mit einem deutschen Thema. Stuttgart ²1989.

Krüger, Anna: Kinder- und Jugendbücher als Klassenlektüre. Berlin 1963.

Krüss, James: Naivität und Kunstverstand. Gedanken zur Kinderliteratur. Weinheim, Basel 1992 (erstmals 1969).

Kümmerling-Meibauer, Bettina: Klassiker der Kinder- und Jugendliteratur: ein internationales Lexikon. Zwei Bände. Stuttgart, Weimar 1999.

Landherr, Karl: Das Kinder- und Jugendbuch in der Schule. Donauwörth 1984.

Lange, Günter (Hrsg.): Taschenbuch der Kinder- und Jugendliteratur. Zwei Bände. Baltmannsweiler 2000.

Lange, Günter/Steffens, Wilhelm (Hrsg.): Literarische und didaktische Aspekte der phantastischen Kinder- und Jugendliteratur. Würzburg 1993.

Lepenies, Wolf: Gutenbergs Reisen. In: Süddeutsche Zeitung 208/2000.

Lichtenberger, Sigrid: Das Jugendbuch in Grund- und Hauptschule. Ein Handbuch zur Schulpraxis. München, Wien 1978.

Lifton, Betty Jean: Der König der Kinder. Das Leben von Janusz Korczak. Stuttgart [3]1991.

Maier, Karl Ernst: Zur Beurteilungsproblematik bei Kinder- und Jugendbüchern. In: Blätter für Lehrerfortbildung 12/1977.

Maier, Karl Ernst: Märchen, Kindermärchen, Schulmärchen. In: Märchen in der Grundschule. Hrsg. von Michael Sahr. Regensburg 1988.

Maier, Karl Ernst: Jugendliteratur. Formen, Inhalte, pädagogische Bedeutung. Bad Heilbrunn [10]1993 (erstmals 1964).

Maier, Karl Ernst (Hrsg.): Phantasie und Kinderliteratur. Bad Heilbrunn 1976.

Märchenspiegel: Themenheft zu „SimsalaGrimm" 1/2000.

Märchen-Stiftung Walter Kahn (Hrsg.): Umgang mit Märchen. SimsalaGrimm – Klimbim? Leipzig 2000.

Mattenklott, Gundel: Buch-Befragung. In: Informationen Jugendliteratur und Medien 4/1990.

Mayer, Hans: Ein Deutscher auf Widerruf. Zwei Bände. Frankfurt a. M. 1982.

Meißner, Wolfgang: Phantastik in der Kinder- und Jugendliteratur der Gegenwart. Würzburg 1989.

Merkelbach, Valentin (Hrsg.): Romane im Unterricht. Lektürevorschläge für die Sekundarstufe 1. Baltmannsweiler 1998.

Merkelbach, Valentin (Hrsg.): Romane im Unterricht. Lektürevorschläge für die Primarstufe. Baltmannsweiler 1999.

Meyenbörg, Jörg: Die Eigenständigkeit der Didaktik der Kinder- und Jugendliteratur – Stein des Anstoßes oder Möglichkeit der allgemeinen Didaktik. In: Beiträge Jugendliteratur und Medien 3/1997.

Mollenhauer, Klaus: Vergessene Zusammenhänge. Über Kultur und Erziehung. München 1983.

Müller-Michaels, Harro: Mehr Deutschstunden! In: Die Zeit 39/ 2000.

Pennac, Daniel: Wie ein Roman. Köln 1994.

Pischke, Hildegard: Das veränderte Märchen. In: Literatur für Kinder. Hrsg. von Maria Lypp. Göttingen 1977.

Pressler, Mirjam: Werkstattbuch. Weinheim, Basel 1994.

Preußler, Otfried: Leitgedanken zum Thema „Kinderfalle Fernsehen". In: Volkacher Bote 60/1997.

Reding, Josef: Meine Stadt. In: Die Wundertüte. Hrsg. Von Heinz-Jürgen Kliewer. Stuttgart 1989.

Reidel, Marlene: Wie mein Leben so verlaufen ist. In: Der bunte Schmetterling. Eching 1988.

Richter, Karin/Hurrelmann, Bettina (Hrsg.): Kinderliteratur im Unterricht. München 1997.

Ritz, Hans: Die Geschichte vom Rotkäppchen. Göttingen [13]2000.

Röhrich, Lutz: Märchen und Wirklichkeit. Baltmannsweiler [4]2001.

Röhrich, Lutz: Märchen. In: Handlexikon zur Literaturwissenschaft. Hrsg. von Diether Krywalski. München 1974.

Rölleke, Heinz: Märchenforschung lohnt sich. In: Grundschule 1/ 1982.

Roth, Heinrich: Pädagogische Psychologie des Lehrens und Lernens. Hannover u. a. 1957.

Roth, Heinrich: Pädagogische Anthropologie. Band 1: Bildsamkeit und Bestimmung. Hannover [3]1971.

Sahr, Michael: Wirkung von Kinderliteratur. Baltmannsweiler 1981.

Sahr, Michael: Das problemorientierte Kinderbuch im Unterricht der Grundschule. Baltmannsweiler 1987.

Sahr, Michael: Von Anderland nach Wunderland. Baltmannsweiler 1990.

Sahr, Michael: Über die Ängste unserer Kinder. Ein Untersuchungsbericht. In: Pädagogische Welt 8/1990.

Sahr, Michael: 5 × Kinderbücher im Unterricht. Baltmannsweiler 1994.

Sahr, Michael: Kinder – Bücher – Verfilmungen. Der literarische Kinderfilm im Unterricht. Kallmünz 1997.

Sahr, Michael: Andersen lesen. Andersen-Märchen für Schüler von heute. Baltmannsweiler 1999.

Sahr, Michael: Leseförderung durch Kinderliteratur. Baltmannsweiler ²2000.

Sahr, Michael (Hrsg.): Märchen in der Grundschule. Regensburg 1988.

Sahr, Michael/Born, Monika: Kinderbücher im Unterricht der Grundschule. Baltmannsweiler ⁶2000.

Sahr, Michael/Schlund, Angela: Das Bilderbuch und sein Einsatz im Unterricht der Grundschule. Regensburg 1992.

Sand, Lothar: Märchenzeit. In: Börsenblatt für den Deutschen Buchhandel 76/1995.

Schenda, Rudolf: Das ABC der Tiere. Märchen, Mythen und Geschichten. München 1995.

Scherf, Walter: Kinderspiele als Provokation des Grausigen. In: Mythen, Märchen und moderne Zeit. Hrsg. von Alfred Clemens Baumgärtner und Karl Ernst Maier. Würzburg 1987.

Scherf, Walter: Das Märchenlexikon. Zwei Bände. München 1995.

Schneider, Wolfgang (Hrsg.): Aufbruch zum neuen bundesdeutschen Kinderfilm. Hardebek 1982.

Schön, Erich: Veränderungen der literarischen Rezeptionskompetenz Jugendlicher im aktuellen Medienverbund. In: Moderne Formen des Erzählens in der Kinder- und Jugendliteratur der Gegenwart unter literarischen und didaktischen Aspekten. Hrsg. von Günter Lange und Wilhelm Steffens. Würzburg 1995.

Schön, Erich: Buchnutzungsforschung. In: Buchwissenschaft und Buchwirkungsforschung. Hrsg. von Dietrich Kerlen und Inka Kirste. Leipzig 2000.

Seghers, Anna: Die Reisebegegnung. In: Anna Seghers. Eine Biographie in Bildern. Hrsg. von Frank Wagner u. a. Berlin, Weimar 1994.

Sichtermann, Barbara: Fernsehen. Berlin 1994.

Steffens, Wilhelm: Das Kinderbuch als Schreibanlaß. In: Praxis des Aufsatzunterrichts in der Grundschule. Hrsg. von Oswald Beck u. a. Freiburg 1981.

Steffens, Wilhelm: Prosaformen der Kinderliteratur. Frankfurt a. M. 1986.

Steffens, Wilhelm: Schere, Stein, Papier. Rede anläßlich der Verleihung des Volkacher Talers durch die Deutsche Akademie für Kinder- und Jugendliteratur 1996.

Tolkien, John Ronald Reuel: Gute Drachen sind rar. Stuttgart 1984.

Traub, Rainer: Bücher und Zweifel. In: Spiegel special 10/1996.

Unseld, Siegfried (Hrsg.): Erste Lese-Erlebnisse. Frankfurt a. M. 1975.

Waldmann, Günter: Produktiver Umgang mit Literatur im Unterricht. Baltmannsweiler [3]2000.

Wardetzky, Kristin: Märchen-Lesarten von Kindern. Berlin, Bern u. a. 1992.

Wajda, Andrzej (Regie): Korczak. Filmdrama 1990.

Winkels, Hubert: Leselust und Bildermacht. Literatur, Fernsehen und neue Medien. Köln 1998.

Wohlgemuth, Hildegard: Korczak und die Kinder. In: Die Wundertüte. Hrsg. Von Heinz-Jürgen Kliewer. Stuttgart 1989.

Wolgast, Heinrich: Das Elend unserer Jugendliteratur. Worms [7]1950 (erstmals 1896).

Zipes, Jack: Rotkäppchens Lust und Leid. Frankfurt, Berlin, Wien 1985.

Zitzelsperger, Helga: Zur Pädagogik und Didaktik des Märchens. In: Märchenspiegel 1/1994.

Zulliger, Hans: Die Angst unserer Kinder. Frankfurt a. M., Hamburg 1969.